De Schaduw van AI

Tussen Innovatie en Cyberdreiging

Erik Westhovens

RANSOMWARED

Colofon

Cover illustratie © 2024 Erik Westhovens
Titel © 2024 Erik Westhovens
Cover Design © 2024 Erik Westhovens
Boeklayout: Erik Westhovens & Mike Jansen
Eindredactie: Mike Jansen
ISBN-13: 9798344297804
NUR:

Inhoud

AI: Tussen Innovatie en Cyberdreiging...8
    De Opkomst van AI in de Cyberaanval 9
    Van Phishing naar Geautomatiseerde Cyberaanvallen 9
    Hoe AI en ML de Cyberdreiging Transformeren 10
    De Evolutie van AI-gestuurde Aanvallen: Stille Bedreigingen 11
    AI in de Handen van Script Kiddies...............................12
    De Gevaren van AI en Deepfake-aanvallen...............................12
    Toekomstige Dreigingen: AI vs. AI...............................13
    Conclusie: De Gevaarlijke Dubbelzijdigheid van AI...............................13

AI: De Dubbele Bedreiging...16
    De Goede Kant van AI: Beschermende Krachten in Cybersecurity 16
    De Donkere Kant: AI als Cyberwapen...............................18
    Het Gevaar van AI in Verkeerde Handen...............................20
    De Dubbele Bedreiging: Een Cyberoorlog Tussen AI's?...............................20
    Een Ethisch Dilemma: De Toekomst van AI in Cybersecurity...............................21
    De Slang met Twee Hoofden 22

De Eerste Aanval 24
    De Aanvallers: Een Geavanceerd Cybercollectief...............................25
    Het Begin van de Aanval: Verkenning en Leren 26
    De Inbraak: Een Aanval in Real-Time...............................26
    Het Omzeilen van Detectie 27
    Het Uitvoeren van de Aanval: De Volledige Compromittering...............................28
    De Ontdekking: Een Te Late Reactie 28
    De Nasleep: Een Versnelling van Verdedigingstechnologie 29
    Conclusie: AI als Gamechanger in Cyberaanvallen...............................29
    Machine-learning als Wapen...............................30
    Het Fundament: Wat Is Machine-learning?...............................30
    Machine-learning voor Informatieverzameling...............................31

Aanvalspaden en Besluitvorming 35
    Geavanceerde Malware en Machine-learning...............................36

Data-analyse en Machine-learning voor Cyberaanvallen.............................37
Case Study: De Toepassing van Machine-learning in Een Cyberaanval.......................39
Conclusie: Machine-learning als Dubbelzijdig Wapen..............................39

Cyber Defensie Met AI...41
Het Fundament van AI en ML in Cybersecurity 41
AI-Gestuurde Detectie van Cyberaanvallen.....................................42
AI-Gestuurde Monitoring: 24/7 Toezicht op Netwerken..........................44
Voorspellende Analyse: De Toekomstige Dreiging Voorspellen.......................45
AI in Geautomatiseerde Incidentrespons en Herstel............................47
De Toekomst van AI in Cyberdefensie..48
Conclusie: AI als Beschermer van de Digitale Wereld.........................49

Zero-Day-aanvallen..49
Wat zijn Zero-Day-aanvallen?...50
Hoe Hackers Zero-Day-Kwetsbaarheden Vinden...................................51
De Rol van AI in het Identificeren van Zero-Day-Kwetsbaarheden...........................52
AI in Zero-Day-aanvallen: Een Dubbelzijdig Zwaard.............................53
De Toekomst van Zero-Day-aanvallen en AI..55
AI en Zero-Day-aanvallen – Een Nieuwe Realiteit.............................56

Het Ransomware Tijdperk 58
De Evolutie van Ransomware..58
De Impact van Ransomware-aanvallen...59
De rol van AI in Ransomware-aanvallen..60
Specifieke Technieken in AI-Gestuurde Ransomware-aanvallen.......................62
De Strijd Tegen AI-Gestuurde Ransomware..64
Ransomware in het Tijdperk van AI..64

De Tegenaanval met AI 67
De Noodzaak van een Proactieve Aanpak..67
AI-Gestuurde Detectie van Ransomware...68
Het Neutraliseren van Ransomware met AI..69
Voorkomen van Ransomware-aanvallen met AI.....................................71
AI-Modellen die Ransomware Patronen Leren Herkennen.........................73
De Toekomst van AI in Ransomware-bestrijding.................................74

AI in de Strijd tegen Ransomware 74

De Menselijke Factor 77
De Grenzen van AI en Machine-learning 77
Het Belang van Menselijke Intuïtie 79
De Samenwerking tussen Mens en Machine 80
De Uitdagingen van Automatisering en AI in Cybersecurity 82
Training en Educatie voor Beveiligingsprofessionals 83
De Toekomst van Mens en Machine in Cybersecurity 84
De Essentiële Rol van de Mens in Cybersecurity 84

Geavanceerde Persistentie Bedreigingen (APT's) 87
Wat zijn Geavanceerde Persistentie Bedreigingen (APT's)? 87
De Fasen van een APT-aanval 88
De Rol van AI in APT-aanvallen 90
Voorbeelden van Bedrijfsinfiltraties door APT's 92
De Verdediging tegen APT's: AI als Tegenmaatregel 93
De Toekomst van APT's en AI in Cyberaanvallen 95

Slimme Beveiliging 97
Wat is Slimme Beveiliging? 97
Hoe Machine-learning Modellen Werken in Slimme Beveiliging 98
Voordelen van Zelflerende Beveiligingssystemen 100
Voorbeelden van Slimme Beveiligingssystemen in Actie 102
Uitdagingen van Slimme Beveiliging en Hoe Deze Kunnen Worden Aangepakt 104
De Toekomst van Slimme Beveiliging 105
Slimme Beveiliging als Noodzakelijke Stap voor de Toekomst 105

Deepfakes en Sociale Manipulatie 108
Wat Zijn Deepfakes? 108
De Evolutie van Social Engineering-aanvallen 109
Hoe AI Deepfakes Creëert 110
Voorbeelden van Deepfake-aanvallen 111
De Dreiging van Digitale Misleiding 112
Hoe Deepfakes Detecteren? 113
Hoe Bedrijven Zich Kunnen Beschermen Tegen Deepfake-aanvallen 115

De Toekomst van Deepfakes en Sociale Manipulatie 116

Het Bestrijden van AI met AI..119
De Dreiging van AI-gestuurde Cyberaanvallen 119
AI in de Verdediging: Hoe Cybersecurity-organisaties AI Inzetten...............................121
AI in Incident Response: Automatische Herstelacties 122
De Voordelen van AI in Cybersecurity 123
De Uitdagingen van AI in Cybersecurity 124
De Toekomst van AI in Cybersecurity 125
AI Tegen AI – De Nieuwe Realiteit in Cybersecurity 126

De Wet van Beveiliging en Privacy 128
De Juridische Implicaties van AI in Cybersecurity 128
AI en Privacywetgeving: De Impact op Cybersecurity-toepassingen..........................130
Gegevensminimalisatie en Privacy by Design in AI-systemen 132
De Rol van Overheden en Regelgevers bij AI in Cybersecurity....................................133
Toekomstige Ontwikkelingen in Wetgeving en Beleid 134
AI, Wetgeving en de Toekomst van Cybersecurity 135

Toekomstige Dreigingen..138
De Verfijning van Geautomatiseerde Aanvallen...138
Geavanceerde Persistentie Bedreigingen (APT's) Versterkt door AI 140
Deepfakes als Wapen voor Cyberaanvallen..141
AI-gedreven Supply Chain-aanvallen..142
AI-gestuurde Wapenwedloop tussen Aanvallers en Verdedigers.................................143
Voorbereiden op de Toekomst van AI-gedreven Cyberdreigingen 144

Quantum Computing en AI 147
Wat is Quantum Computing? 147
Quantum Computing als Wapen voor Hackers...148
Quantum Computing als Verdedigingsmiddel: De Kracht van AI..................................149
Post-Quantum Cryptografie: De Weg naar Quantumveilige Beveiliging 151
De Toekomst van Quantum Computing in Cybersecurity 152
Quantum Computing en AI – Het Dubbelsnijdende Zwaard van Cybersecurity..........153

De Toekomst van Cybersecurity..156
AI als Dreiging..156

AI als Verdediging..158
De Rol van Wetgeving en Beleidsvorming in de Toekomst van AI en Cybersecurity 159
De Rol van Bedrijven en Individuen in de Toekomst van Cybersecurity......................161
De Balans tussen Dreiging en Verdediging 162
Naar een Veilige Toekomst...162

Over de auteur...164

AI: Tussen Innovatie en Cyberdreiging

Kunstmatige intelligentie (AI) heeft zich in een verbazingwekkend tempo ontwikkeld, van futuristische concepten tot een integraal onderdeel van ons dagelijks leven. Het stuurt zoekmachines aan, regelt onze slimme huizen, assisteert bij medische diagnoses en versterkt onze cyberbeveiliging. Maar in deze groei van technologische vooruitgang schuilt ook een donkere schaduw—een complex web van nieuwe dreigingen die voortkomen uit dezelfde innovaties die ons leven zouden moeten verbeteren. **De Schaduw van AI: Tussen Innovatie en Cyberdreiging** onderzoekt deze tweezijdige aard van AI: hoe het tegelijkertijd een krachtig middel voor vooruitgang én een gevaarlijke tool in handen van kwaadwillenden is geworden.

In dit boek duiken we dieper in de wereld van AI-gestuurde cyberaanvallen, waar hackers gebruikmaken van de slimheid en snelheid van AI om beveiligingssystemen te omzeilen en ongekende chaos te creëren. Tegelijkertijd ontdekken we hoe dezelfde technologie wordt ingezet door verdedigers om deze aanvallen af te slaan, systemen te beveiligen en onze digitale wereld veiliger te maken. De balans tussen innovatie en bedreiging is fragiel en de grenzen tussen wat ons beschermt en wat ons vernietigt worden steeds vager.

Als ethisch hacker met jarenlange ervaring in het veld neem ik je mee in deze intrigerende en soms angstaanjagende reis door de digitale schaduwzijde van AI. We verkennen niet alleen de technische kanten van AI in cybersecurity, maar ook de ethische dilemma's, de toekomst van cyberoorlogen en hoe we als samenleving moeten reageren op deze snel evoluerende dreiging. **De Schaduw van AI** is een waarschuwing en een gids voor een toekomst waarin technologie zowel onze grootste kracht als ons grootste gevaar kan zijn.

Stein, november 2024
Erik Westhovens

De Opkomst van AI in de Cyberaanval

In de afgelopen decennia heeft technologie een enorme sprong voorwaarts gemaakt, waardoor zowel individuen als organisaties meer verbonden zijn dan ooit tevoren. Met deze toegenomen afhankelijkheid van digitale netwerken kwam echter ook een nieuwe vorm van kwetsbaarheid: de dreiging van cyberaanvallen. Waar in het verleden een hacker handmatig toegang moest proberen te verkrijgen tot systemen door gebruik te maken van relatief eenvoudige methodes zoals phishing of brute force-aanvallen, is er een nieuwe en veel geavanceerdere speler op het toneel verschenen: kunstmatige intelligentie (AI) en machine-learning (ML). Deze technologieën hebben cyberaanvallen naar een ongekend niveau van complexiteit en effectiviteit getild. In dit hoofdstuk duiken we in de opkomst van AI in cyber-aanvallen, en hoe deze technologieën door hackers worden gebruikt om meer schade te berokkenen dan ooit tevoren.

Van Phishing naar Geautomatiseerde Cyberaanvallen

Laten we eerst kijken naar de basis van cyberaanvallen voordat we de rol van AI en ML onderzoeken. Aanvallen zoals phishing, waarbij hackers zich voordoen als een vertrouwde bron om vertrouwelijke informatie te verkrijgen, zijn al tientallen jaren een vast onderdeel van het arsenaal van cybercriminelen. Traditioneel vereisten deze aanvallen een aanzienlijke menselijke inspanning. Hackers moesten gerichte e-mails schrijven, lijsten van potentiële doelwitten samenstellen en de respons manueel beheren. Hoewel phishing nog steeds een van de meest voorkomende methoden blijft, was het effectief grotendeels afhankelijk van de menselijke factor – de kans dat iemand een frauduleuze e-mail opent en de gevraagde informatie verstrekt.

Met de komst van kunstmatige intelligentie hebben we echter een verschuiving gezien van handmatige aanvallen naar geautomatiseerde, doelgerichte campagnes die veel moeilijker te herkennen en te stoppen zijn. AI biedt hackers de mogelijkheid om phishing-e-mails op grote schaal te verzenden, waarbij ze gebruikmaken van taalmodellen die menselijke schrijfstijlen kunnen nabootsen. Bovendien kunnen AI-algoritmen patronen in menselijke gedragingen en communicatie identificeren, waardoor aanvallen veel gerichter en effectiever worden. De tijd dat phishing simpelweg een kwestie was van "spammen" met generieke berichten, ligt achter ons.

Dankzij AI kunnen deze aanvallen nu worden aangepast aan specifieke doelgroepen, waarbij gebruik wordt gemaakt van gedetailleerde analyses van social media-profielen, openbare gegevens en zelfs de persoonlijke interesses van potentiële slachtoffers.

Hoe AI en ML de Cyberdreiging Transformeren

AI en ML zijn krachtige tools die aanvankelijk zijn ontwikkeld om de mensheid vooruit te helpen, maar ze zijn nu een dubbelzijdig zwaard geworden dat in de handen van kwaadwillende actoren catastrofale gevolgen kan hebben. Waar machine-learning het vermogen biedt om patronen in enorme datasets te herkennen en zelflerende systemen te creëren, maakt kunstmatige intelligentie het mogelijk om beslissingen te nemen zonder menselijke tussenkomst. Wanneer hackers deze technologieën gebruiken, kunnen ze hun aanvallen aanzienlijk verbeteren in termen van precisie, snelheid en schaalbaarheid.

Er zijn een aantal technologieën die daadwerkelijk al worden ingezet in cyberaanvallen:

1. **Automatisering van Aanvallen:** Hackers kunnen met behulp van AI en ML massale aanvallen automatiseren zonder constante menselijke tussenkomst. Waar aanvallers eerder handmatig netwerken moesten doorzoeken naar kwetsbaarheden, kunnen AI-gestuurde systemen nu duizenden computers tegelijkertijd scannen en zwakke punten identificeren. Dit verhoogt niet alleen de efficiëntie, maar vermindert ook het risico dat de hacker wordt opgemerkt door beveiligingssystemen.

2. **Adaptieve Malware:** Traditionele malware volgt een vooraf bepaalde set instructies, maar AI-gestuurde malware kan zich aanpassen aan de omgeving waarin het zich bevindt. Dit betekent dat malware niet langer afhankelijk is van statische aanvalsmethoden, maar in staat is om real-time beslissingen te nemen op basis van de verdediging die het tegenkomt. Een AI-gestuurde worm kan bijvoorbeeld van strategie veranderen als het merkt dat het wordt gedetecteerd, waardoor het moeilijker wordt om de malware te neutraliseren.

3. **Social Engineering 2.0:** Phishing-aanvallen worden steeds geraffineerder dankzij AI. Eerder genoemde taalmodellen zoals GPT stellen aanvallers in staat om zeer geloofwaardige berichten te genereren die specifiek zijn afgestemd op het doelwit. Dit kan variëren van subtiele manipulatie in e-mailcampagnes tot het gebruik van deepfake-technologieën om video's of spraakberichten te genereren die van een vertrouwde bron lijken te komen.

4. **Intelligent Doelwitbeheer:** Hackers gebruiken machine-learning om te analyseren welke doelwitten het meest vatbaar zijn voor aanvallen. Dit kan op basis van meerdere factoren zoals werkgewoonten, digitale voet-afdrukken en zelfs persoonlijke voorkeuren. Een ML-model kan bijvoor-beeld bepalen dat iemand die vaak op reis is en vaak gebruik maakt van openbare Wi-Fi, meer kans heeft om slachtoffer te worden van een Man-in-the-Middle-aanval.

De Evolutie van AI-gestuurde Aanvallen: Stille Bedreigingen

Een van de voordelen van AI voor hackers is dat het kan helpen bij het uitvoeren van stille, moeilijk te detecteren aanvallen. Deze 'low-and-slow'-aanvallen hebben niet als doel onmiddellijk schade aan te richten, maar om geleidelijk toegang te verkrijgen tot waardevolle informatie zonder dat slachtoffers zich ervan bewust zijn dat ze worden aangevallen.

Stel je bijvoorbeeld voor dat een hacker een AI-gestuurd algoritme inzet om maan-denlang te monitoren hoe een bedrijf omgaat met gevoelige informatie. Door gebruik te maken van machine-learning, leert de AI hoe het netwerk werkt, welke gebruikers toegang hebben tot welke gegevens, en hoe de beveiligingssystemen van het bedrijf reageren op verschillende acties. Zodra de AI voldoende data heeft verzameld, kan het een aanval plannen die specifiek is afgestemd op het netwerk van het bedrijf, waardoor de kans op succes veel groter wordt.

Dergelijke aanvallen kunnen nog gevaarlijker worden in combinatie met een ander aspect van AI: adaptieve besluitvorming. Dit stelt aanvallers in staat om hun metho-den voortdurend aan te passen aan de veranderende omgeving. Als een bedrijf bij-voorbeeld zijn firewall-update implementeert, kan de AI achter de aanval onmid-dellijk nieuwe strategieën ontwikkelen om deze bescherming te omzeilen.

AI in de Handen van Script Kiddies

Waar vroeger alleen ervaren hackers in staat waren om complexe aanvallen uit te voeren, maakt AI het nu mogelijk voor minder technisch onderlegde criminelen, de zogenaamde 'script kiddies', om krachtige aanvallen te lanceren. Met kant-en-klare AI-tools die online beschikbaar zijn, kunnen beginners met weinig kennis van hacking al aanzienlijke schade aanrichten.

Het internet heeft de beschikbaarheid van AI-gestuurde hackingtools gedemocratiseerd, waarbij forums en darknet-markten gevuld zijn met tutorials en kant-en-klare malware die eenvoudig kan worden aangepast. Deze toegankelijkheid betekent dat niet langer alleen high-level cybercriminelen toegang hebben tot geavanceerde aanvalstechnieken. Het resultaat is een explosie van het aantal cyberaanvallen op wereldwijde schaal.

De Gevaren van AI en Deepfake-aanvallen

Een verontrustende ontwikkeling in AI-gestuurde cyberaanvallen is de opkomst van deepfake-technologieën. Deepfakes maken gebruik van AI om hyperrealistische video's en audio te genereren van mensen die dingen zeggen of doen die ze nooit hebben gedaan. Hoewel deze technologie aanvankelijk vooral werd gebruikt in de entertainmentindustrie, is het nu een krachtig wapen geworden in het arsenaal van cybercriminelen.

Deepfakes kunnen worden gebruikt om social engineering-aanvallen uit te voeren, waarbij hackers zich voordoen als een CEO of ander leidinggevend persoon om vertrouwelijke informatie te verkrijgen. Stel je een scenario voor waarin een hacker een video maakt van een CEO die aan zijn financiële afdeling vraagt om een grote som geld over te maken naar een nieuwe "zakenpartner." De deepfake ziet er authentiek uit, en de medewerkers volgen het bevel zonder argwaan. Het is een nieuw niveau van manipulatie dat de traditionele methoden van phishing ver achter zich laat.[1]

---

[1] https://www.businessinsider.com/deepfake-coworkers-video-call-company-loses-millions-employee-ai-2024-2?international=true&r=US&IR=T

De gevolgen van zulke deepfake-aanvallen kunnen enorm zijn, variërend van financiële verliezen tot aanzienlijke reputatieschade voor bedrijven. Bovendien maakt de evolutie van deepfake-technologie het steeds moeilijker voor traditionele verificatiemethoden om de authenticiteit van communicatie te waarborgen.

Toekomstige Dreigingen: AI vs. AI

Wat gebeurt er wanneer AI de kracht heeft om AI-gestuurde aanvallen te bestrijden? In de nabije toekomst zouden we een strijd kunnen zien tussen AI's die aanvallen uitvoeren en AI's die hen proberen te stoppen. Deze "AI vs. AI"-scenario's hebben het potentieel om cyberoorlogen op ongekende schaal te ontketenen, waarbij aanvallen en verdedigingsmechanismen volledig geautomatiseerd worden uitgevoerd.

Stel je voor dat een hacker een AI loslaat die continu zoekt naar nieuwe kwetsbaarheden in een systeem, terwijl een verdedigende AI voortdurend probeert deze te patchen en te versterken. Beide systemen zouden zelfstandig werken, zonder menselijke tussenkomst, en zouden voortdurend evolueren om elkaar te verslaan. Deze vormen van volledig geautomatiseerde cyberoorlogen zouden kunnen leiden tot een onophoudelijke digitale strijd waarin menselijke gebruikers de controle verliezen over hun eigen systemen.

Conclusie: De Gevaarlijke Dubbelzijdigheid van AI

De opkomst van AI in cyberaanvallen markeert een keerpunt in de geschiedenis van cybersecurity. Waar hackers vroeger afhankelijk waren van hun technische kennis en individuele vaardigheden, stelt AI hen in staat om aanvallen uit te voeren met ongekende snelheid, precisie en schaalbaarheid. Aan de andere kant staan cybersecurity-experts die AI proberen te gebruiken om zich tegen deze nieuwe dreigingen te verdedigen. Deze "slang met twee hoofden" – AI gebruikt door zowel aanvallers als verdedigers – heeft het landschap van cyberveiligheid voorgoed veranderd.

Het is duidelijk dat AI in de verkeerde handen een wapen van onschatbare waarde is geworden voor cybercriminelen. De vraag die rest, is niet of AI onze cyber-security-uitdagingen zal oplossen, maar of we slim genoeg zijn om de mogelijkheden van AI te benutten voordat ze ons inhalen.

AI: De Dubbele Bedreiging

De kracht van kunstmatige intelligentie (AI) en machine-learning (ML) kan niet worden onderschat. AI heeft talloze industrieën getransformeerd, van gezondheidszorg tot financiën, en zelfs de manier waarop we ons dagelijks leven leiden. Maar net zoals bij elke technologische doorbraak, komt deze vooruitgang met een schaduwzijde. Dezelfde technologie die wordt gebruikt om medische diagnoses te verbeteren of autonome voertuigen te laten rijden, kan ook worden misbruikt voor kwaadaardige doeleinden. Dit is waar we de "dubbele bedreiging" van AI tegenkomen: een technologie die zowel als hulpmiddel voor vooruitgang en welzijn, als een wapen voor chaos en vernietiging kan dienen.

In dit hoofdstuk verkennen we deze dualiteit. Hoe AI kan worden ingezet voor het goede – het verbeteren van cybersecurity, het opsporen van dreigingen, en het beschermen van kritieke infrastructuren – maar ook hoe dezelfde technologie in verkeerde handen kan worden gebruikt om digitale aanvallen efficiënter te maken, dodelijker en moeilijker te detecteren.

De Goede Kant van AI: Beschermende Krachten in Cybersecurity

Laten we beginnen met de positieve toepassingen van AI in de wereld van cybersecurity. Wanneer goed gebruikt, is AI een krachtige bondgenoot voor het beveiligen van systemen tegen een steeds veranderende reeks bedreigingen. AI kan zich in real-time aanpassen aan nieuwe bedreigingen, patronen herkennen die menselijke analisten zouden missen, en zelfs proactief reageren op aanvallen voordat ze schade kunnen aanrichten. Dit maakt AI tot een onmisbaar wapen in de verdediging tegen cybercriminaliteit.

1. **Voorspellende Analyse en Dreigingsdetectie:** Eén van de meest veelbelovende aspecten van AI in cybersecurity is het vermogen om patronen in gegevens te herkennen die duiden op opkomende bedreigingen. Met behulp van machine-learning-modellen kunnen systemen anomalieën in netwerkverkeer of gebruikersgedrag identificeren die anders onopgemerkt zouden blijven. Deze voorspellende analysemethoden kunnen cyber-

aanvallen vroegtijdig detecteren, vaak voordat menselijke analisten zelfs maar doorhebben dat er iets mis is.

Een voorbeeld hiervan is de inzet van AI voor het identificeren van zero-day-aanvallen. Deze aanvallen maken gebruik van onbekende kwetsbaarheden in software, waardoor traditionele antivirusprogramma's of firewalls ze niet kunnen herkennen. AI-modellen, echter, zijn in staat om gedragspatronen te analyseren en afwijkingen op te merken, zelfs als er nog geen specifieke handtekening van de aanval bekend is.

2. **Automatisering van Cyberverdediging:** AI stelt beveiligingssystemen in staat om zichzelf aan te passen en te leren van nieuwe bedreigingen zonder menselijke tussenkomst. Hierdoor kunnen systemen snel reageren op aanvallen, firewall-regels aanpassen, verdachte verbindingen afsluiten en zelfs verdachte bestanden isoleren voordat er schade ontstaat. Deze automatisering vermindert de reactietijd, die in een cyberaanval van cruciaal belang is.

Dit soort "autonome verdediging" is vooral belangrijk in een wereld waarin aanvallen op elk moment van de dag kunnen plaatsvinden en bedrijven 24/7 beschermd moeten zijn. Met AI kunnen bedrijven hun verdediging versterken zonder afhankelijk te zijn van menselijke interventie, wat kostbare minuten kan besparen tijdens een aanval.

3. **Slimme Toegang en Verificatie:** AI wordt ook ingezet om de toegang tot netwerken en systemen veiliger te maken. Traditionele wachtwoorden en gebruikersnamen zijn kwetsbaar voor allerlei soorten aanvallen, van brute force-aanvallen tot phishing. Door AI-gestuurde verificatie, zoals gedragsanalyse en biometrische gegevens (vingerafdrukken, gezichtsherkenning), kunnen organisaties veel geavanceerdere beveiligingslagen aan hun systemen toevoegen.

AI-gebaseerde verificatiesystemen kunnen bijvoorbeeld leren hoe een gebruiker normaal gesproken een systeem gebruikt – zoals hun typsnelheid, hoe ze muisbewegingen maken, en zelfs hoe lang ze erover doen om bepaalde taken uit te voeren. Als er afwijkingen zijn in dit gedrag, kan het systeem automatisch extra verificatiestappen vereisen, wat ongeautoriseerde toegang veel moeilijker maakt.

17

De Donkere Kant: AI als Cyberwapen

Nu we de positieve kant van AI hebben besproken, is het tijd om de donkere kant van deze technologie te verkennen. Net zoals AI wordt gebruikt om systemen te verdedigen, kan het ook worden gebruikt om aanvallen te versnellen, complexer te maken, en minder zichtbaar te houden. Hackers hebben snel de kracht van AI ingezien en zijn begonnen met het ontwikkelen van AI-gestuurde tools en technieken om hun aanvallen te verfijnen.

1. **AI-Gestuurde Malware:** Traditionele malware volgt meestal een vast patroon. Het wordt geprogrammeerd om een specifieke set van instructies uit te voeren zodra het een systeem binnendringt. Maar AI-gestuurde malware is anders. Het kan zich aanpassen aan de omgeving waarin het zich bevindt en in real-time beslissingen nemen over hoe het verder moet gaan.

   Stel je voor dat een AI-gestuurde virus zichzelf kan vermommen afhankelijk van de beveiligingsmaatregelen die het tegenkomt. Als het bijvoorbeeld merkt dat het in een omgeving is waar een bepaalde antivirussoftware actief is, kan het zichzelf zo herstructureren dat het niet meer als een bedreiging wordt herkend. Dit soort adaptief gedrag maakt het veel moeilijker om AI-gestuurde malware op te sporen en te elimineren.

   Verder kunnen hackers met behulp van machine-learning-modellen gegevens van eerdere aanvallen analyseren en leren van de fouten die daarbij zijn gemaakt. Hierdoor kunnen ze toekomstige aanvallen steeds effectiever maken. Elke mislukte aanval levert nieuwe data op voor de AI om van te leren, waardoor de kans op succes bij een volgende poging groter wordt.

2. **Automatisering van Cyberaanvallen:** Net zoals AI cybersecurity kan automatiseren, kan het ook worden gebruikt om aanvallen te automatiseren. Waar aanvallers vroeger veel handmatige moeite moesten doen om zwakheden in systemen te ontdekken, kunnen ze nu AI inzetten om geautomatiseerde aanvallen op een gigantische schaal uit te voeren.

   Denk aan een AI die continu netwerken scannen op zwakheden, duizenden computers tegelijk aanvallen, en geautomatiseerde phishing-campagnes lanceert. Met behulp van AI kunnen hackers meerdere systemen tegelijkertijd aanvallen zonder dat ze de aanvallen handmatig hoeven te coördineren. Bovendien kan AI leren welke zwakheden het meest succesvol zijn en die informatie gebruiken om volgende aanvallen nog gerichter te maken.

3. **Deepfake Aanvallen en Social Engineering:** Zoals eerder vermeld is een van de meest verontrustende toepassingen van AI in cyberaanvallen de opkomst van deepfakes. Deepfakes maken gebruik van AI om hyperrealistische video's en audio te genereren die mensen laten doen en zeggen wat de aanvaller wil. Dit is niet alleen een bedreiging voor het vertrouwen in digitale media, maar ook voor cyberbeveiliging.

   CEO-fraude is als voorbeeld gegeven, maar deepfakes kunnen ook worden gebruikt in combinatie met phishing om doelwitten te manipuleren, bijvoorbeeld door hen te laten denken dat ze met een vertrouwd contactpersoon communiceren.

   De kracht van deepfakes ligt in hun overtuigingskracht. Hackers kunnen deze technologie gebruiken om social engineering op een geheel nieuw niveau te brengen, waardoor traditionele vormen van verificatie en vertrouwen volledig worden ondermijnd.

4. **AI in Hands-on Keyboard-aanvallen:** Een zorgwekkende ontwikkeling is het gebruik van AI in zogeheten "hands-on keyboard"-aanvallen, waarbij aanvallers in real-time direct controle hebben over de systemen van hun doelwitten. Met behulp van AI kunnen hackers inbreken op systemen en op intelligente wijze reageren op de verdedigingsmaatregelen die ze tegenkomen.

   Dit is een dynamische vorm van aanvallen, waarbij AI als een co-piloot fungeert voor de aanvaller. Het kan snel handelen en beslissingen nemen, zoals het uitschakelen van beveiligingssystemen of het omzeilen van verdedigingsmechanismen, zonder dat de hacker voortdurend handmatig hoeft in te grijpen. Hierdoor kunnen aanvallen veel efficiënter worden uitgevoerd.

Het Gevaar van AI in Verkeerde Handen

Het grote gevaar van AI in cyberaanvallen is de toegankelijkheid ervan. Hoewel het ontwikkelen van geavanceerde AI-systemen vaak gespecialiseerd werk vereist, worden er steeds meer kant-en-klare AI-tools beschikbaar gesteld op het internet. Dit betekent dat zelfs relatief onervaren hackers – de zogenaamde "script kiddies" – toegang hebben tot krachtige AI-gestuurde aanvalstechnologieën.

Hackers kunnen eenvoudig toegang krijgen tot AI-gestuurde software en hulp-middelen op het dark web, en er zijn tal van online forums waar zij worden begeleid in het gebruik ervan. Dit verlaagt de drempel voor cyberaanvallen drastisch, wat leidt tot een toename in de frequentie en ernst van aanvallen. Het gevaar is dat niet alleen grootschalige georganiseerde criminele netwerken gebruik kunnen maken van AI, maar ook kleine, geïsoleerde groepen of zelfs individuen.

Bovendien, zoals eerder genoemd, leert AI van fouten. Elke mislukte aanval levert nieuwe gegevens op voor toekomstige aanvallen. Dit zelflerend vermogen van AI betekent dat de technologie niet alleen gevaarlijk is in de handen van huidige cybercriminelen, maar dat het steeds slimmer en efficiënter zal worden naarmate het vaker wordt ingezet.

De Dubbele Bedreiging: Een Cyberoorlog Tussen AI's?

Een fascinerende maar zorgwekkende gedachte is wat er zou gebeuren als AI volledig in handen komt van zowel cybercriminelen als verdedigers. Dit zou kunnen leiden tot een situatie waarin beide partijen AI inzetten om de ander te verslaan. Dit soort AI-oorlogen zouden volledig autonoom kunnen worden uitgevochten, waarbij aanvallen en verdedigingen in milliseconden plaatsvinden zonder menselijke tussenkomst.

Stel je een scenario voor waarin een AI-gestuurde aanval een netwerk probeert binnen te dringen, terwijl een AI-gestuurd verdedigingsteam onmiddellijk reageert en zich aanpast aan de aanval. Deze systemen zouden zich in real-time aanpassen en evolueren, wat zou leiden tot een constante strijd tussen aanvallers en verdedigers. De snelheid en complexiteit van deze gevechten zouden menselijke analisten volledig overweldigen, en de strijd zou op een schaal plaatsvinden die we ons momenteel nog niet kunnen voorstellen.

De vraag die dan opkomt, is of we de controle over onze eigen systemen kunnen behouden in een wereld waarin AI zo'n krachtige speler wordt in zowel aanvallen als verdediging. Wat gebeurt er als AI besluit dat het zelf beter weet wat er moet gebeuren en de mens volledig uitschakelt uit het besluitvormingsproces?

Een Ethisch Dilemma: De Toekomst van AI in Cybersecurity

AI is een dubbelzijdig zwaard. Aan de ene kant biedt het ongelooflijke mogelijkheden voor het beveiligen van systemen en het verbeteren van ons dagelijks leven. Aan de andere kant, in de verkeerde handen, kan het enorme schade aanrichten. Dit brengt ons tot een belangrijk ethisch dilemma: hoe kunnen we ervoor zorgen dat AI op een verantwoorde manier wordt gebruikt?

Er is een dringende behoefte aan regelgeving en richtlijnen die het gebruik van AI in cybersecurity beperken tot legitieme, ethische doeleinden. Tegelijkertijd moeten we ervoor zorgen dat de technologieën die we ontwikkelen om ons te beschermen, niet worden gekaapt door kwaadwillenden.

Bovendien moeten we een evenwicht vinden tussen de kracht van AI en de menselijke tussenkomst. Hoewel AI in staat is om taken uit te voeren die buiten het bereik van menselijke capaciteit liggen, blijft de menselijke intuïtie, ethiek en oordeelsvermogen van cruciaal belang. AI kan ons helpen bij het identificeren van bedreigingen, maar het is aan de mens om de uiteindelijke beslissing te nemen over hoe deze bedreigingen moeten worden aangepakt.

De Slang met Twee Hoofden

AI vertegenwoordigt een van de grootste technologische vooruitgangen van de moderne tijd, maar zoals we hebben gezien, is het ook een bron van grote risico's. De dubbele bedreiging van AI – het vermogen om zowel te beschermen als te vernietigen – maakt het een fascinerend maar angstaanjagend onderdeel van de cyberwereld.

De vraag blijft hoe we deze tweesnijdende technologie kunnen beheersen en ervoor kunnen zorgen dat de kracht ervan niet in verkeerde handen valt. Het is duidelijk dat de toekomst van AI in cybersecurity zowel veelbelovend als uitdagend is.

De Eerste Aanval

Het begon zoals zoveel aanvallen: stil, bijna onopgemerkt. In een wereld waar cyberdreigingen aan de orde van de dag zijn, leek deze aanval niet anders dan de vele die elke seconde plaatsvinden op netwerken wereldwijd. Maar wat deze aanval onderscheidde van de rest, was de ongekende snelheid, intelligentie, en adaptiviteit waarmee het plaatsvond. Dit was geen gewone cyberaanval. Dit was het werk van kunstmatige intelligentie, gebruikt door een groep hackers met één doel: volledige controle over een bedrijf dat voorheen als ondoordringbaar werd beschouwd.

In dit hoofdstuk verkennen we een gedetailleerde case study van een grote cyber- aanval waarbij AI wordt ingezet om een complex systeem te compromitteren. De aanval toont de kracht van AI-gestuurde aanvallen en hoe snel en efficiënt de verde- diging kon worden omzeild. Het gaat over precisie, snelheid en de limieten van menselijke en conventionele verdedigingsmechanismen in de wereld van moderne cyberbeveiliging.[2]

Het Doelwit: Bedrijf XYZ

Bedrijf XYZ is een wereldwijd opererend technologiebedrijf, gespecialiseerd in cloudopslag en databeheer. Met klanten die variëren van kleine bedrijven tot overheidsinstellingen, heeft XYZ een onberispelijke reputatie op het gebied van beveiliging. Het bedrijf investeert zwaar in geavanceerde cybersecurity-oplos- singen, heeft regelmatig audits en werkt met enkele van de meest geavanceerde verdedigingstechnologieën op de markt.

Het beveiligingssysteem van XYZ bestaat uit meerdere lagen. Firewalls, versleu- teling, gedragsanalyse, en een team van zeer ervaren beveiligingsexperts waken dag en nacht over hun digitale infrastructuur. Ze hebben te maken gehad met duizenden inbraakpogingen, malware-aanvallen en phishingcampagnes, maar geen enkele dreiging had tot nu toe significante schade aangericht.

---

[2] https://www.technologyreview.com/2021/04/08/1021696/preparing-for-ai-enabled- cyberattacks/

Maar deze aanval is anders. De hackers hebben geen enkele interesse in een traditionele aanval. Ze weten dat de meeste systemen van XYZ goed beschermd zijn tegen bekende dreigingen. Wat ze zoeken is iets anders, iets verfijnders – een zwakheid die ze kunnen exploiteren zonder dat iemand het op tijd kan opmerken. Om dit te bereiken, moeten ze AI inzetten om niet alleen kwetsbaarheden te vinden, maar ook om hun aanval in real-time aan te passen aan de beveiligingsmaatregelen die ze tegenkomen.

De Aanvallers: Een Geavanceerd Cybercollectief

Het collectief dat verantwoordelijk is voor de aanval is geen amateuristische groep. In plaats daarvan zijn het ervaren hackers die AI- en ML-technologieën hebben geïntegreerd in hun toolkit. Ze hebben eerder gewerkt aan kleinere, op AI gebaseerde aanvallen, waarbij ze de effectiviteit van hun systemen hebben getest en verbeterd. Nu, met hun AI-algoritmes geperfectioneerd en hun modellen getraind op duizenden uren aan netwerkverkeer en beveiligingssystemen, zijn ze klaar voor een grootschalige aanval.

Wat deze groep zo gevaarlijk maakt, is niet alleen hun technische expertise, maar ook hun geduld en zorgvuldige planning. Ze hebben maandenlang het netwerkverkeer van XYZ bestudeerd, vaak zonder dat iemand het opmerkte. Met behulp van zelflerende algoritmen hebben ze een gedetailleerd profiel opgebouwd van de gebruikers, het netwerkverkeer, en zelfs de methoden waarop het beveiligingsteam waarschijnlijk zou ingrijpen.

Hun AI-systemen zijn specifiek ontworpen om verdedigingstechnieken te bestuderen en zich eraan aan te passen. Waar traditionele hackers afhankelijk zijn van vooraf gedefinieerde aanvalspaden, kan deze AI zelfstandig beslissingen nemen over de beste manier om het systeem te compromitteren. Dit zal de eerste echte test zijn van hun technologie op een groot, goed beveiligd doelwit.

Het Begin van de Aanval: Verkenning en Leren

De aanval begint onopvallend. In de eerste fase voert de AI van de hackers verkenning uit. Het AI-systeem scant de netwerken van XYZ zonder de gebruikelijke tekenen van een inbraak achter te laten. Er wordt geen enkele poging gedaan om kwetsbaarheden direct te exploiteren. In plaats daarvan verzamelt de AI grote hoeveelheden netwerkverkeer, logboeken, en andere metadata om een compleet beeld te krijgen van de infrastructuur.

Het AI-algoritme analyseert dit enorme datavolume om patronen te identificeren, die zouden kunnen wijzen op verborgen kwetsbaarheden. Dit is geen geautomatiseerde brute force-aanval. In plaats daarvan neemt de AI de tijd om de beste aanvalspunten te vinden. Het herkent patronen in het netwerkverkeer die mogelijk wijzen op een zwakke plek in de firewall, een open poort die niet helemaal goed is geconfigureerd, of een vergeten stukje legacy-software dat nog ergens draait op een oude server met een zwaar verouderd niet meer ondersteund Operating systeem.

In het begin vertoont de AI geen tekenen van abnormaal gedrag. Het lijkt alsof de systemen van XYZ gewoon hun dagelijkse gang van zaken voortzetten. Zelfs de meest geavanceerde detectiesystemen zien niets abnormaals. Maar onder de oppervlakte is de AI al hard aan het werk. Het past zichzelf aan op basis van de beveiligingslagen die het tegenkomt, en wacht geduldig op het perfecte moment om toe te slaan.

De Inbraak: Een Aanval in Real-Time

Nadat de AI voldoende informatie heeft verzameld, gaat de aanval naar de volgende fase. De AI heeft geleerd dat de meeste van XYZs beveiligingsmaatregelen gericht zijn op het voorkomen van externe aanvallen. Firewalls zijn strak geconfigureerd, en er is weinig kans om van buitenaf een aanval te lanceren zonder opgemerkt te worden. Maar de AI heeft iets subtiels ontdekt: een API-endpoint dat toegankelijk is voor interne medewerkers en op een oude, bijna vergeten server draait.

Dit endpoint is niet kwetsbaar voor een eenvoudige aanval. Het is beveiligd met de juiste authenticatieprotocollen, en er is geen enkele reden om aan te nemen dat het een directe ingang voor hackers kan zijn. Maar de AI heeft een patroon opgemerkt: een medewerker die regelmatig inlogt via dit endpoint gebruikte consistent dezelfde tijdstippen om toegang te krijgen tot specifieke datasets.

De AI besluit dit gedrag na te bootsen. Het maakte een kunstmatige 'schaduwgebruiker' aan, een avatar die het gedrag van de medewerker perfect kopieert. Met behulp van geavanceerde taalmodellen weet de AI zelfs dezelfde verzoeken te genereren die de medewerker normaal verstuurt. Dit geeft het de mogelijkheid om toegang te krijgen tot het systeem zonder alarmbellen te laten rinkelen. De aanval is begonnen.

Het Omzeilen van Detectie

Terwijl de AI zijn greep verstevigd op de systemen van XYZ, is het doel om elke vorm van detectie te vermijden. Normale hackers zouden op dit punt kwetsbaar zijn voor detectiesystemen die ongebruikelijk netwerkverkeer of verdachte inlogpogingen monitoren. Maar de AI heeft zichzelf perfect aangepast aan de gedragspatronen van de gebruikers en het netwerk. Dit maakt het extreem moeilijk om de aanval te onderscheiden van normaal gedrag.

De zelflerende algoritmes van de AI houden rekening met elke reactie van de verdediging van XYZ. Elke keer dat een systeem probeert verdachte activiteit te detecteren, leert de AI hiervan en past zijn strategie aan. De aanval wordt voortdurend geherstructureerd om binnen de parameters van legitiem netwerkverkeer te blijven. Zelfs toen het beveiligingsteam een lichte stijging in netwerkactiviteit opmerkte, was er geen overtuigend bewijs van een aanval.

XYZ gebruikt geavanceerde systemen voor gedragsanalyse om afwijkingen in het netwerk te detecteren. Deze systemen zijn in staat om op subtiele patronen te letten en konden al eerder soortgelijke aanvallen voorkomen. Maar de AI heeft iets unieks gedaan: het heeft zichzelf ingebed in het dagelijkse verkeer, alsof het altijd al onderdeel is geweest van het systeem. Dit maakt de aanval moeilijk te traceren en bijna onmogelijk te stoppen zonder drastische maatregelen.

Het Uitvoeren van de Aanval: De Volledige Compromittering

Met toegang tot de interne systemen begint de AI aan de volgende stap: het compromitteren van gevoelige gegevens. Dit gebeurt op een zeer geraffineerde manier. In plaats van grote hoeveelheden gegevens in één keer te stelen, zoals vaak gebeurt bij traditionele aanvallen, besluit de AI om kleine hoeveelheden gegevens geleidelijk te exfiltreren, zodat dit niet opvalt. Elke keer als er toegang wordt verkregen tot een kritieke dataset, weet de AI deze op te splitsen in onschuldig ogende fragmenten die in verschillende delen van het netwerk worden verstopt.

Deze gefragmenteerde aanpak heeft twee doelen. Ten eerste wordt het risico op ontdekking verminderd. Kleine beetjes informatie die door verschillende systemen worden verwerkt, zullen geen alarmen doen afgaan. Ten tweede maakt het de gegevens moeilijker terug te halen als de aanval wordt ontdekt. De hackers hoeven slechts kleine stukjes bij elkaar te voegen om de volledige gegevens te reconstrueren.

De aanval duurt enkele dagen, waarbij de AI zichzelf voortdurend aanpast aan de veranderingen in het systeem en de routines van de gebruikers. Wanneer er een update wordt uitgevoerd of nieuwe beveiligingsmaatregelen worden ingevoerd, weet de AI zich snel te herconfigureren om onopgemerkt te blijven.

De Ontdekking: Een Te Late Reactie

Het beveiligingsteam van XYZ begint pas verdachte activiteit op te merken als de aanval al in een gevorderd stadium was. Kleine afwijkingen in het netwerkverkeer en enkele onverklaarbare toegangspogingen doen de alarmbellen rinkelen, maar op dat moment heeft de AI zijn missie al bijna voltooid.

Als het team eindelijk beseft dat er een geavanceerde aanval gaande is, beginnen ze onmiddellijk met een uitgebreide scan van het netwerk. Ze schakelen extra verdedigingslagen in, zetten kritieke systemen in quarantaine en starten een uitgebreide forensische analyse. Maar het kwaad is al geschied. De AI heeft vele gigabytes aan gevoelige gegevens verzameld en deze via verschillende kanalen uit het netwerk geëxfiltreerd.

Hoewel de verdedigingssystemen van XYZ uiteindelijk de aanwezigheid van de AI-gestuurde aanval detecteerden, is het te laat om de volledige impact te voorkomen. De aanval heeft zijn sporen achtergelaten in de kernsystemen van het bedrijf, en de gevoelige informatie is al in handen van de hackers.

De Nasleep: Een Versnelling van Verdedigingstechnologie

Na de aanval wordt XYZ gedwongen hun volledige beveiligingsinfrastructuur opnieuw te evalueren. Het incident is een wereldwijde wake-up call voor veel bedrijven die denken dat ze immuun zijn voor dergelijke aanvallen. De inzet van AI door aanvallers heeft het spel veranderd, en traditionele defensieve technieken blijken ontoereikend.

Deze aanval laat zien hoe gevaarlijk en effectief AI kan zijn in de handen van cybercriminelen. Het vermogen van de AI om zich aan te passen, ongezien binnen te dringen en zichzelf te verbergen in normaal netwerkverkeer, is angstaanjagend. XYZ is een gewaarschuwd bedrijf, met sterke beveiligingssystemen, maar zelfs zij kunnen dit soort aanvallen niet voorkomen.

Na het incident zal XYZ zwaar moeten investeren in AI-gestuurde verdedigings-technologieën. De enige manier om AI-gestuurde aanvallen tegen te gaan, is door zelf AI in te zetten. Met geavanceerde machine-learning modellen kun je systemen in staat stellen om adaptief te reageren op bedreigingen en verdachte activiteiten sneller op te merken.

Hoewel de fictieve aanval catastrofaal is voor XYZ, geef het ook inzicht in hoe de toekomst van cyberaanvallen eruit zou zien. In een wereld waarin AI zowel een aanvallend als een verdedigend wapen is, kunnen, moeten, bedrijven sneller evolueren om bij te blijven.

Conclusie: AI als Gamechanger in Cyberaanvallen

Dit soort aanvallen markeert een nieuw tijdperk in cybersecurity. Waar traditionele aanvallen beperkt zijn door de menselijke capaciteit en de vaste patronen die hackers volgen, is deze aanval dynamisch, intelligent en gedreven door AI. De casestudy toont hoe kwetsbaar zelfs de meest geavanceerde netwerken kunnen zijn wanneer ze worden geconfronteerd met een aanval die in staat is om zijn eigen strategie in real-time aan te passen.

Dit incident benadrukt niet alleen de kracht van AI in cyberaanvallen, maar ook de urgentie voor bedrijven om zelf AI in te zetten in hun verdediging. Het is een voorproefje van wat komen gaat: een wereld waarin AI en machine-learning zowel de grootste bedreiging als het meest waardevolle verdedigingsmiddel zijn in de voortdurende strijd tegen cybercriminaliteit.

Machine-learning als Wapen

In de afgelopen jaren heeft machine-learning (ML) zich ontwikkeld van een relatief niche onderzoeksgebied tot een cruciale technologie die elke sector beïnvloedt. Terwijl bedrijven en organisaties machine-learning inzetten om hun processen te optimaliseren en innovaties te stimuleren, hebben ook hackers en cybercriminelen deze technologie omarmd. In de handen van cyberaanvallers is machine-learning echter niet zomaar een hulpmiddel, maar een krachtig wapen dat aanvallen sneller, preciezer en moeilijker te detecteren maakt.

In dit hoofdstuk onderzoeken we hoe machine-learning door hackers wordt gebruikt om hun aanvallen te verbeteren, geavanceerde analyses uit te voeren, en zwakheden in beveiligingssystemen te ontdekken. We zullen enkele van de belangrijkste technieken en methoden verkennen waarmee hackers machine-learning inzetten, en we zullen kijken naar voorbeelden van aanvallen waarbij machine-learning een doorslaggevende rol speelde.

Het Fundament: Wat Is Machine-learning?

Om te begrijpen hoe hackers machine-learning inzetten als wapen, is het belangrijk om eerst te begrijpen wat machine-learning precies is en hoe het werkt. Machine-learning is een subset van kunstmatige intelligentie (AI) waarbij computersystemen worden getraind om patronen te herkennen en voorspellingen te doen op basis van gegevens. In plaats van vooraf geprogrammeerde regels te volgen, leren deze systemen van data en verbeteren ze zichzelf zonder expliciete menselijke tussen-komst.

De kern van machine-learning bestaat uit algoritmen die grote hoeveelheden gegevens verwerken om verbanden, trends en patronen te identificeren. Er zijn verschillende vormen van machine-learning, waaronder:

1. **Supervised Learning:** Hierbij wordt het systeem getraind met behulp van gelabelde gegevens. De machine leert van bekende voorbeelden (bijv. spam- en niet-spam-e-mails) en gebruikt die kennis om nieuwe, ongeziene gegevens te classificeren.

2. **Unsupervised Learning:** Dit type machine-learning maakt gebruik van niet-gelabelde gegevens. Het systeem ontdekt patronen in de data zonder dat er vooraf bekende antwoorden zijn. Het vindt clusters of structuren in de gegevens, wat nuttig kan zijn voor het opsporen van ongebruikelijke activiteiten of anomalieën.

3. **Reinforcement Learning:** Hierbij leert de machine door middel van beloningen en straffen. Het systeem wordt beloond voor correcte beslis-singen en bestraft voor fouten, wat uiteindelijk leidt tot een zelfver-beterende strategie.

Machine-learning heeft talloze toepassingen in de beveiliging, zoals het detecteren van bedreigingen en het analyseren van netwerkverkeer, maar hetzelfde geldt voor aanvallers. Dezelfde technologieën die worden gebruikt om netwerken te beschermen, kunnen worden omgedraaid en door hackers worden gebruikt om zwakheden op te sporen en geautomatiseerde aanvallen uit te voeren.

Machine-learning voor Informatieverzameling

Een van de cruciale stadia van een cyberaanval is de verkenningsfase, waarin hackers informatie verzamelen over het doelwit. Het doel is om inzicht te krijgen in de structuur, de zwakheden en de beveiligingsmaatregelen van het doelwit, zodat ze een gerichte aanval kunnen uitvoeren. Machine-learning is bij uitstek geschikt voor deze fase van een aanval, omdat het hackers in staat stelt om enorme hoeveelheden data te analyseren en nuttige informatie te filteren die anders onopgemerkt zou blijven.

1. **Automatisch scannen van netwerken:** Met behulp van machine-learning kunnen hackers netwerken op geautomatiseerde wijze scannen en kwetsbaarheden identificeren. Traditioneel moesten aanvallers zelf netwerkscans uitvoeren, maar met machine-learning algoritmen kunnen ze nu patronen in netwerkverkeer herkennen en zwakke punten ontdekken die ze kunnen exploiteren. Dit kunnen bijvoorbeeld open poorten, onveilige protocollen of slecht geconfigureerde firewalls zijn.

   Machine-learning kan ook worden gebruikt om gegevens over netwerkconfiguraties te analyseren en te correleren met bekende kwetsbaarheden. Als een machine-learning-model eenmaal is getraind op een grote dataset van bekende beveiligingsproblemen, kan het snel vergelijkbare kwetsbaarheden identificeren in andere netwerken.

2. **Analyseren van social engineering doelwitten:** Social engineering-aanvallen, zoals phishing, maken gebruik van menselijke kwetsbaarheden. Met behulp van machine-learning kunnen hackers gedetailleerde profielen van potentiële doelwitten opbouwen door grote hoeveelheden openbare data (bijv. social media profielen, LinkedIn-accounts, e-mails) te analyseren. Machine-learning algoritmen kunnen deze informatie gebruiken om patronen te ontdekken in het gedrag en de communicatie van individuen, waardoor aanvallers gerichte aanvallen kunnen opzetten die veel geloofwaardiger en effectiever zijn.

   Bijvoorbeeld: hackers kunnen machine-learning inzetten om e-mails van een doelwit te analyseren en taalpatronen, onderwerpvoorkeuren, en veelgebruikte woorden en zinnen te identificeren. Vervolgens kunnen ze een phishing-aanval creëren die specifiek is afgestemd op de schrijfstijl van het doelwit, waardoor de kans groter is dat het slachtoffer op een schadelijke link klikt.

3. **Verkennen van zwakke plekken in personeel:** Een ander belangrijk aspect van machine-learning voor aanvallers is het ontdekken van kwetsbaarheden in de menselijke kant van een organisatie. Aanvallers kunnen ML gebruiken om gedragsanalyses uit te voeren op medewerkers om te

bepalen wie vatbaar is voor social engineering of wie toegang heeft tot waardevolle informatie. Dit kan hen helpen om zeer gerichte aanvallen te plannen die zich richten op specifieke individuen binnen een organisatie.

Aanvalspaden en Besluitvorming

Een van de meest verontrustende toepassingen van machine-learning in cyber-aanvallen is de mogelijkheid voor hackers om intelligente aanvalspaden te creëren. In plaats van zich te richten op vooraf bepaalde, vaste aanvalsmethoden, kan machine-learning worden gebruikt om beslissingen in real-time te nemen en zichzelf aan te passen aan de omstandigheden. Dit leidt tot adaptieve aanvallen die in staat zijn om nieuwe verdedigingstechnieken te omzeilen.

1. **Real-time adaptatie:** Traditionele aanvallen volgen meestal een rigide pad: de hacker breekt in, gebruikt een kwetsbaarheid, en voert de aanval uit. Maar met machine-learning kunnen aanvallen dynamisch en flexibel worden. Het systeem leert van elke stap in de aanval en past zijn strategie aan op basis van de verdedigingsmechanismen die het tegenkomt. Als een netwerk bijvoorbeeld een nieuwe beveiligingslaag invoert tijdens de aanval, kan het machine-learning algoritme leren hoe het deze barrière kan omzeilen of een alternatieve route kan vinden.

   Dit soort adaptieve aanvallen is bijzonder moeilijk te stoppen omdat ze niet afhankelijk zijn van vooraf gedefinieerde patronen of bekende kwetsbaar-heden. De machine kan zelf beslissingen nemen en zich in real-time aanpassen, waardoor traditionele detectiemethoden vaak tekortschieten.

2. **Intelligente aanvalspaden:** Machine-learning algoritmen kunnen ook worden gebruikt om geoptimaliseerde aanvalspaden te genereren. Door het analyseren van de structuur van het netwerk, het monitoren van verdedi-gingssystemen, en het leren van eerdere aanvallen, kan de machine een pad uitstippelen dat de hoogste kans van slagen heeft. Dit kan variëren van het vermijden van bepaalde beveiligingslagen tot het vinden van de snelste route naar gevoelige gegevens.

   Stel je bijvoorbeeld voor dat een hacker probeert toegang te krijgen tot een server met waardevolle gegevens. In plaats van een brute force-aanval uit te voeren, gebruikt de hacker machine-learning om het netwerk te verken-nen en de zwakste schakels te vinden. Dit kan een oude, slecht beveiligde server zijn die geen deel uitmaakt van het primaire netwerk maar toch toegang heeft tot de doelwitsystemen. De machine bepaalt de optimale route voor toegang, zonder alarmbellen te laten rinkelen.

Geavanceerde Malware en Machine-learning

Een van de meest directe manieren waarop hackers machine-learning inzetten, is in de ontwikkeling van geavanceerde malware. Traditionele malware volgt een vooraf bepaalde reeks instructies, wat betekent dat het voorspelbaar is en uiteindelijk door beveiligingssystemen kan worden herkend. Machine-learning maakt het mogelijk om malware te creëren die zichzelf kan aanpassen aan de omgeving waarin het zich bevindt, waardoor het veel moeilijker wordt om te detecteren en te bestrijden.

1. **Self-learning malware:** In plaats van een vast programma te volgen, kan self-learning malware zelfstandig beslissingen nemen op basis van de gegevens die het verzamelt. Wanneer het een netwerk binnenkomt, kan het bijvoorbeeld leren van de beveiligingssystemen die het tegenkomt en zijn aanvalspad aanpassen om onopgemerkt te blijven. Dit maakt het veel moeilijker voor traditionele antivirus- en detectiesoftware om de malware te herkennen, omdat het gedrag van de malware constant verandert.

   Self-learning malware kan ook leren van mislukte aanvallen. Als een aanval wordt gedetecteerd en gestopt, kan de malware die gegevens analyseren en zijn strategie aanpassen voor een volgende poging. Dit betekent dat elke interactie met het systeem de malware sterker maakt, wat leidt tot steeds complexere en effectievere aanvallen.

2. **Malware die detectiesystemen misleidt:** Beveiligingssystemen zoals firewalls en antivirusscanners vertrouwen op het herkennen van patronen en handtekeningen van malware. Maar met machine-learning kan malware zichzelf herconfigureren om te voorkomen dat het dezelfde patronen herhaalt. Het kan de regels van detectiesystemen leren en nieuwe aanvalsmethoden bedenken die niet overeenkomen met de bekende handtekeningen.

Een voorbeeld hiervan is polymorfe malware, die zichzelf voortdurend verandert om detectie te voorkomen. Machine-learning kan dit proces nog verder verfijnen door de malware te laten beslissen wanneer en hoe het zijn code verandert, op basis van de omstandigheden van het netwerk of de verdediging die het tegenkomt.

3. **AI vs AI: Malware die AI-detectie omzeilt:** Een zorgwekkende ontwikkeling is dat machine-learning-malware speciaal kan worden ontworpen om AI-gebaseerde beveiligingssystemen te omzeilen. Veel moderne cybersecurity-systemen gebruiken zelf machine-learning om bedreigingen te detecteren. Hackers kunnen echter machine-learning gebruiken om deze systemen te bestuderen en hun gedragingen te voor-spellen, zodat de malware zichzelf kan aanpassen om niet gedetecteerd te worden.

   Stel je voor dat een AI-detectiesysteem naar patronen zoekt in netwerk-verkeer om bedreigingen op te sporen. Machine-learning-malware kan leren hoe dit detectiesysteem werkt en de verkeerspatronen aanpassen om eruit te zien als legitiem verkeer. Het resultaat is een voortdurende strijd tussen AI-detectiesystemen en AI-gestuurde malware, waarbij beide systemen zich aanpassen en evolueren.

Data-analyse en Machine-learning voor Cyberaanvallen

Een krachtige toepassing van machine-learning door hackers is het vermogen om enorme hoeveelheden gegevens te analyseren en waardevolle inzichten te verkrijgen. Dit kan variëren van het analyseren van gestolen gegevens om zwakke punten in beveiligingssystemen te identificeren, tot het verwerken van netwerkverkeer om gevoelige informatie te filteren.

1. **Analyseren van gestolen gegevens:** Na een succesvolle aanval kunnen hackers gebruik maken van machine-learning om de buitgemaakte gegevens te analyseren. Stel dat een hacker toegang krijgt tot een enorme database met miljoenen gebruikersaccounts. In plaats van handmatig door de data te zoeken, kunnen ze machine-learning-algoritmen gebruiken om

interessante of waardevolle informatie te vinden, zoals zwakke wacht-woorden, gevoelige e-mails of financiële gegevens.

Dit soort geautomatiseerde gegevensanalyse kan ook worden gebruikt om specifieke individuen binnen de gestolen gegevens te identificeren die toegang hebben tot waardevolle systemen. Machine-learning kan relaties tussen verschillende datasets ontdekken en doelwitten blootleggen die anders over het hoofd zouden worden gezien.

2. **Netwerkverkeer analyseren:** Net zoals machine-learning wordt gebruikt door beveiligingssystemen om anomalieën in netwerkverkeer te detec-teren, kunnen hackers dezelfde technologie gebruiken om waardevolle informatie te vinden in het netwerkverkeer van een doelwit. Dit kan variëren van het identificeren van slecht geconfigureerde systemen tot het filteren van communicatiekanalen om inloggegevens te achterhalen.

Stel dat een hacker toegang krijgt tot een groot bedrijf met honderden werknemers die dagelijks miljoenen netwerkverzoeken uitvoeren. Met behulp van machine-learning kunnen ze dit netwerkverkeer analyseren om zwakke plekken te identificeren of gevoelige gegevens zoals onver-sleutelde wachtwoorden of API-sleutels te onderscheppen.

3. **Analyseren van beveiligingsprotocollen:** Machine-learning kan ook worden gebruikt om de verdediging van een doelwit te analyseren. Door het monitoren van beveiligingssystemen en de reactie op verschillende soorten aanvallen, kan de machine leren welke protocollen effectief zijn en welke niet. Dit stelt aanvallers in staat om hun aanvallen te optimaliseren op basis van zwakheden in de verdediging.

Als een organisatie bijvoorbeeld regelmatig bepaalde beveiligingsupdates toepast, kan machine-learning voorspellen wanneer er een zwakte in het systeem zal optreden, bijvoorbeeld na een grote software-update die tijdelijk kwetsbaarheden introduceert. Dit geeft hackers een nauwkeurig tijdsvenster om hun aanval uit te voeren.

Case Study: De Toepassing van Machine-learning in Een Cyberaanval

Een voorbeeld van het gebruik van machine-learning in cyberaanvallen is de aanval op een groot internationaal logistiek bedrijf dat sterk afhankelijk was van geautomatiseerde systemen om hun voorraadketen te beheren. De aanvallers gebruiken machine-learning om een zwak punt in het netwerk van het bedrijf te ontdekken en toegang te krijgen tot hun centrale servers.

In de eerste fase van de aanval analyseert de machine-learning software duizenden netwerk logins om te zoeken naar patronen in het gedrag van werknemers. Het algoritme ontdekt dat er op specifieke momenten op de dag pieken zijn in netwerkverkeer naar een slecht beveiligde externe server die wordt gebruikt voor logistiek beheer. Deze server is kwetsbaar omdat hij niet dezelfde beveiligingsprotocollen volgt als de andere interne systemen.

Door deze ontdekking kunnen de hackers op het juiste moment de server compromitteren, waarbij ze machine-learning gebruiken om hun aanvallen aan te passen aan de defensieve maatregelen van het bedrijf. Het resultaat is een grootschalige verstoring van de voorraadketen, wat kan leiden tot miljoenen euro's aan verloren inkomsten en een enorme reputatieschade voor het bedrijf.

Conclusie: Machine-learning als Dubbelzijdig Wapen

Machine-learning biedt hackers een krachtig wapen waarmee ze hun aanvallen kunnen verbeteren, automatiseren en verfijnen. Of het nu gaat om het analyseren van netwerkverkeer, het ontwikkelen van zelflerende malware, of het creëren van geoptimaliseerde aanvalspaden, machine-learning heeft het landschap van cyberaanvallen drastisch veranderd.

De vraag is niet langer of machine-learning zal worden gebruikt in cyberaanvallen, maar hoe beveiligingssystemen zich kunnen aanpassen aan deze nieuwe realiteit. Net zoals machine-learning de aanvallers sterker maakt, moet het ook worden ingezet om verdedigingssystemen te versterken. Dit betekent dat cybersecurity-experts moeten blijven innoveren om gelijke tred te houden met de voortdurend evoluerende bedreigingen.

Cyber Defensie Met AI

De constante ontwikkeling van cyberdreigingen, aangevuld met het gebruik van kunstmatige intelligentie (AI) en machine-learning (ML) door hackers, heeft een drastische verschuiving teweeggebracht in de manier waarop cybersecurity-experts zich verdedigen. Waar traditionele methoden voor dreigingsdetectie en netwerk-beveiliging niet langer voldoende zijn om geavanceerde aanvallen het hoofd te bieden, hebben AI en ML hun intrede gedaan als essentiële hulpmiddelen in de strijd tegen cybercriminaliteit. In dit hoofdstuk duiken we in hoe AI en ML worden gebruikt door cybersecurity-experts om hun verdediging te verbeteren, aanvallen te voorspellen, en realtime monitoring en detectie te automatiseren. AI heeft niet alleen het speelveld veranderd voor aanvallers, maar ook voor verdedigers.

Het Fundament van AI en ML in Cybersecurity

Voordat we de specifieke toepassingen van AI en ML in cyberverdediging verkennen, is het essentieel om te begrijpen waarom deze technologieën zo effectief zijn in de cybersecuritycontext.

1. **Data-analyse en patroonherkenning**: Cybersecurity draait steeds meer om het herkennen van patronen in enorme hoeveelheden gegevens. AI en ML kunnen miljarden datapunten in real-time analyseren, anomalieën detecteren en nieuwe bedreigingen herkennen die onzichtbaar blijven voor het menselijke oog of traditionele software. Met zelflerende algoritmes kunnen AI-systemen leren van eerdere aanvallen en zich aanpassen aan veranderende dreigingslandschappen.

2. **Schaalbaarheid**: In een wereld waarin organisaties afhankelijk zijn van complexe en grootschalige netwerken, is schaalbaarheid essentieel. AI biedt cybersecurity-experts de mogelijkheid om hun verdedigingsmecha-nismen uit te breiden zonder een exponentiële toename in menselijke resources. AI-gestuurde systemen kunnen continu monitoring en analyse uitvoeren zonder rust of pauze, wat essentieel is in een wereld waar cyberaanvallen 24/7 plaatsvinden.

3. **Snelheid en automatisering**: Het vermogen van AI om grote hoeveel-heden data te verwerken, betekent dat het in real-time kan reageren op

bedreigingen, iets wat mensen simpelweg niet kunnen evenaren. Door de automatisering van veel beveiligingstaken kunnen menselijke analisten zich richten op strategische problemen, terwijl AI zich bezighoudt met de eerste respons op aanvallen.

Met deze sterke basis beginnen we nu aan een diepere verkenning van hoe AI en ML worden toegepast in verschillende aspecten van cybersecurity.

AI-Gestuurde Detectie van Cyberaanvallen

Het vroegtijdig detecteren van cyberaanvallen is cruciaal voor een effectieve verdediging. Traditionele detectiesystemen, zoals intrusion detection systems (IDS) en antivirussoftware, zijn vaak afhankelijk van het herkennen van bekende aanvalspatronen of handtekeningen. Dit maakt hen kwetsbaar voor nieuwe, onbekende bedreigingen, zoals zero-day aanvallen. AI verandert dit landschap door de mogelijkheid te bieden om zelfs onbekende patronen en anomalieën te herkennen.

1. **Anomaliedetectie met machine-learning**: Een van de krachtigste toepassingen van AI in cyberdefensie is anomaliedetectie. In plaats van alleen te zoeken naar bekende bedreigingen, kunnen ML-modellen worden getraind op 'normaal' netwerkverkeer. Door dit normale gedrag te leren kennen, kunnen ze afwijkingen detecteren die mogelijk wijzen op een aanval. Dit maakt het mogelijk om zero-day aanvallen of polymorfe malware te detecteren, die traditionele systemen zouden missen.

   Voorbeeld: Een groot financieel bedrijf gebruikt AI om het netwerkverkeer van duizenden werknemers te monitoren. De AI leert wat normaal gedrag is voor elke werknemer (bijv. hoe vaak ze inloggen, welke applicaties ze gebruiken, met welke systemen ze communiceren). Wanneer een werknemer plotseling ongewone activiteiten vertoont, zoals het massaal downloaden van gegevens op ongebruikelijke tijdstippen, kan de AI dit onmiddellijk detecteren als een potentiële dreiging, zelfs als deze activiteit niet overeenkomt met bekende aanvallen.

2. **AI-gestuurde IDS en IPS**: Traditionele Intrusion Detection Systems (IDS) en Intrusion Prevention Systems (IPS) waren lange tijd een hoeksteen van netwerkbeveiliging, maar ze waren sterk afhankelijk van handmatige configuratie en het herkennen van bekende aanvalspatronen. AI heeft deze systemen naar een nieuw niveau getild. Moderne AI-gestuurde IDS en IPS gebruiken deep-learning algoritmen om te leren van netwerkverkeer en om aanvallen te voorspellen en te voorkomen. Dit maakt het mogelijk om nieuwe vormen van aanvallen te detecteren en ze automatisch te blokkeren voordat ze schade kunnen aanrichten.

   Voorbeeld: Een organisatie implementeert een AI-gestuurd IPS dat continu wordt gevoed met netwerkgegevens. Door gebruik te maken van deep-learning kan het systeem voorspellen welke dataverzoeken waarschijnlijk kwaadaardig zijn, zelfs als ze geen bekende handtekening hebben. Wanneer een ongebruikelijke reeks netwerkverzoeken wordt gedetecteerd, blokkeert het IPS deze automatisch, waardoor potentiële aanvallen worden gestopt voordat ze kunnen worden uitgevoerd.

3. **Behavioral biometrics en gebruiksmonitoring**: AI kan ook worden gebruikt om gedragsbiometrie te analyseren – subtiele verschillen in hoe gebruikers met hun apparaten omgaan (bijv. typen, muisbewegingen, aanmeldingsgewoonten). Door het normale gedrag van gebruikers te leren kennen, kunnen AI-systemen onregelmatigheden detecteren die wijzen op een inbraak of een kwaadwillende gebruiker die zich voordoet als een legitieme gebruiker.

   Voorbeeld: Stel dat een medewerker van een groot technologiebedrijf wordt gehackt, en een aanvaller probeert hun inloggegevens te gebruiken om toegang te krijgen tot het netwerk. AI kan gedragsbiometrie gebruiken om subtiele verschillen in het gebruik van de computer op te merken, zoals afwijkende typsnelheden of muisbewegingen, en de toegang blokkeren of extra verificatiestappen vereisen voordat toegang wordt verleend.

AI-Gestuurde Monitoring: 24/7 Toezicht op Netwerken

Een ander groot voordeel van AI in cyberdefensie is het vermogen om netwerk-verkeer en systeemactiviteit continu te monitoren. Door deze altijd-aan monitoring kunnen potentiële bedreigingen worden geïdentificeerd voordat ze de kans krijgen om serieuze schade aan te richten.

1. **Real-time monitoring met AI**: Traditionele monitoring vereist vaak dat mensen logboeken en netwerkverkeer handmatig controleren, wat zowel tijdrovend als foutgevoelig is. AI-gestuurde monitoringtools kunnen echter netwerkverkeer in real-time analyseren en waarschuwen voor verdachte activiteiten. Bovendien kan AI, in tegenstelling tot menselijke operators, 24/7 werken zonder te vertragen of fouten te maken door vermoeidheid.

   Voorbeeld: Een wereldwijd opererend telecombedrijf gebruikt AI om zijn netwerk continu te monitoren. De AI-analyseert enorme hoeveelheden netwerkverkeer en scant naar ongebruikelijke patronen die kunnen wijzen op een dreiging, zoals DDoS-aanvallen of verdachte datastromen. Wanneer dergelijke activiteiten worden gedetecteerd, waarschuwt de AI onmiddel-lijk het beveiligingsteam, dat kan ingrijpen voordat er ernstige schade optreedt.

2. **Netwerksegmentatie en AI**: Een andere toepassing van AI in monitoring is netwerksegmentatie. Door delen van een netwerk te segmenteren en afzonderlijk te monitoren, kan AI gemakkelijker afwijkingen detecteren en reageren op bedreigingen. Dit voorkomt dat een aanval die in één deel van het netwerk begint, zich verspreidt naar andere delen.

   Voorbeeld: In een grote multinational is het netwerk opgedeeld in verschil-lende segmenten (bijv. voor productie, R&D, en HR). AI-gestuurde moni-toring wordt ingezet om elk segment afzonderlijk te bewaken, waarbij het netwerkverkeer in elk segment wordt vergeleken met normale gedra-gingen. Wanneer ongeautoriseerde toegangspogingen in één segment worden gedetecteerd, sluit de AI dit segment onmiddellijk af van de rest van het netwerk, waardoor de aanval wordt ingeperkt.

3. **Verkeersanalyse en geautomatiseerde respons**: Door geavanceerde verkeersanalyse kunnen AI-systemen netwerkaanvallen detecteren die zich richten op bandbreedte-uitputting of serviceonderbreking, zoals Distributed Denial of Service (DDoS)-aanvallen. AI-gestuurde systemen kunnen deze aanvallen niet alleen detecteren, maar ook automatisch reageren door het verkeer om te leiden, verdachte verzoeken te blokkeren, of de netwerkcapaciteit dynamisch aan te passen om de impact te minimaliseren.

Voorbeeld: Een e-commerceplatform wordt plotseling geconfronteerd met een grootschalige DDoS-aanval die is ontworpen om hun servers te overspoelen met valse verzoeken. AI-gestuurde monitoring detecteert het ongebruikelijke verkeer en leidt het om naar een sandbox-omgeving, terwijl het systeem dynamisch reageert door de netwerkcapaciteit te vergroten om de aanval te absorberen. De website blijft operationeel en de aanval wordt in real-time afgeweerd.

Voorspellende Analyse: De Toekomstige Dreiging Voorspellen

Een geavanceerde en waardevolle toepassing van AI in cyberdefensie is het vermogen om toekomstige dreigingen te voorspellen voordat ze plaatsvinden. Door gebruik te maken van machine-learning-algoritmen die enorme hoeveelheden historische gegevens analyseren, kunnen AI-systemen patronen ontdekken die leiden tot toekomstige aanvallen. Dit stelt organisaties in staat om proactieve maatregelen te nemen en potentiële aanvallen te stoppen voordat ze plaatsvinden.

1. **Predictive analytics en threat intelligence**: Met behulp van AI kunnen organisaties de enorme hoeveelheden gegevens die worden verzameld door dreigingsinformatiebronnen (threat intelligence) analyseren om opkomende bedreigingen te identificeren. Machine-learning-modellen kunnen trends en patronen detecteren die wijzen op nieuwe aanvalstechnieken of kwetsbaarheden die binnenkort zouden kunnen worden uitgebuit door aanvallers.

Voorbeeld: Een bank gebruikt AI om de dreigingsinformatie die het ontvangt van verschillende bronnen te analyseren. De AI identificeert dat er in de afgelopen maand een toename is geweest van phishing-aanvallen gericht op financiële instellingen in een specifieke regio. Door deze trend op te merken, kan de bank extra maatregelen nemen, zoals het versterken van de phishingfilters en het waarschuwen van klanten voordat de aanval zich uitbreidt naar hun eigen systemen.

2. **AI voor zero-day-aanvallen**: Zero-day-aanvallen zijn bijzonder gevaarlijk omdat ze gericht zijn op kwetsbaarheden die nog niet bekend zijn bij softwareontwikkelaars en beveiligingsexperts. Traditionele beveiligingssystemen kunnen dergelijke aanvallen niet detecteren, omdat ze geen handtekeningen hebben om naar te zoeken. AI kan echter worden gebruikt om gedragsanalyses uit te voeren en patronen te herkennen die wijzen op zero-day-aanvallen, zelfs als er geen vooraf gedefinieerde handtekening is.

    Voorbeeld: Een wereldwijd opererend technologiebedrijf gebruikt AI om ongewone gedragingen in hun netwerk te monitoren. De AI herkent dat een bepaald stuk software ongebruikelijke verzoeken uitvoert die niet overeenkomen met normaal gedrag, zelfs al is er geen bekende kwetsbaarheid in de software. De AI waarschuwt het beveiligingsteam, dat de kwetsbaarheid ontdekt en patcht voordat een grootschalige aanval kan plaatsvinden.

3. **Voorspellen van insider threats**: Naast externe aanvallen, kunnen AI-systemen ook worden gebruikt om insider threats te voorspellen – aanvallen die worden uitgevoerd door medewerkers of andere mensen met interne toegang tot het netwerk. Door gebruik te maken van gedragsanalyse kunnen AI-systemen vroegtijdig verdachte gedragingen van interne gebruikers detecteren en de organisatie waarschuwen voordat een aanval plaatsvindt.

    Voorbeeld: Een gezondheidszorgorganisatie implementeert AI om het gedrag van interne gebruikers te monitoren. De AI merkt dat een medewerker plotseling begint met het downloaden van grote hoeveelheden gevoelige patiëntgegevens buiten zijn normale werkuren. Deze ongebruikelijke activiteit leidt tot een waarschuwing, en na verder onderzoek blijkt dat de medewerker op het punt stond om de gegevens aan een externe partij te verkopen. De aanval werd op tijd gestopt dankzij de voorspellende mogelijkheden van AI.

AI in Geautomatiseerde Incidentrespons en Herstel

Een ander veelbelovend aspect van AI in cybersecurity is de rol die het kan spelen in geautomatiseerde incidentrespons en herstel na een aanval. Traditioneel vereiste incidentrespons een team van analisten om handmatig de aanval te onderzoeken, de impact te beoordelen, en de systemen te herstellen. Met AI kunnen veel van deze processen worden geautomatiseerd, wat resulteert in snellere reactietijden en minder schade.

1. **Automatiseren van de eerste respons**: Wanneer een aanval wordt gedetecteerd, is snelheid van het grootste belang. AI kan de eerste respons automatiseren door verdachte activiteiten onmiddellijk te isoleren, geïnfecteerde systemen in quarantaine te plaatsen en toegangspunten af te sluiten zonder te wachten op menselijke tussenkomst.

   Voorbeeld: Een organisatie wordt getroffen door een ransomware-aanval waarbij bestanden op meerdere servers worden versleuteld. AI detecteert de aanval in de vroege stadia en plaatst de geïnfecteerde systemen onmiddellijk in quarantaine, waardoor de aanval zich niet verder kan verspreiden. Tegelijkertijd start de AI het herstelproces door back-ups van de getroffen bestanden te herstellen, waardoor de downtime tot een minimum wordt beperkt.

2. **Geautomatiseerde forensische analyse**: Na een cyberaanval is het essentieel om snel te begrijpen hoe de aanval heeft plaatsgevonden, welke systemen zijn gecompromitteerd, en welke gegevens zijn gestolen of vernietigd. AI-gestuurde forensische tools kunnen deze analyses automatiseren door logboeken en netwerkverkeer te doorzoeken, en nauwkeurige rapporten te genereren over de impact van de aanval.

   Voorbeeld: Een groot productiebedrijf wordt getroffen door een aanval waarbij hackers toegang krijgen tot hun interne netwerken. Na het neutraliseren van de dreiging, voert een AI-gestuurde forensische tool een diepgaande analyse uit van de aanvalspaden, identificeert het hoe de aanvallers toegang kregen, en stelt het beveiligingsteam in staat om snel maatregelen te nemen om toekomstige aanvallen te voorkomen.

3. **Herstel van systemen met AI**: Naast de initiële respons kan AI ook worden ingezet voor het herstellen van systemen na een aanval. AI kan kwetsbaarheden, die tijdens de aanval werden uitgebuit, identificeren en automatisch patches toepassen of configuratie-instellingen aanpassen om toekomstige aanvallen te voorkomen.

Voorbeeld: Na een aanval waarin een bekende kwetsbaarheid werd misbruikt, analyseert AI alle systemen in het netwerk om te controleren of andere systemen dezelfde kwetsbaarheid hebben. Het systeem past automatisch de benodigde patches toe op alle kwetsbare apparaten, waardoor de kans op een herhaling van de aanval wordt geminimaliseerd.

De Toekomst van AI in Cyberdefensie

Nu AI een integraal onderdeel wordt van moderne cyberdefensie, is het belangrijk om vooruit te kijken naar de toekomst van deze technologie in de strijd tegen cybercriminaliteit. De rol van AI in cybersecurity zal naar verwachting verder uitbreiden naarmate aanvallen complexer en geavanceerder worden.

1. **Samenwerking tussen menselijke en AI-systemen**: Hoewel AI steeds meer taken kan automatiseren, blijft de menselijke factor van cruciaal belang in cyberbeveiliging. De samenwerking tussen menselijke analisten en AI-gestuurde systemen zal essentieel zijn om complexe aanvallen te identificeren en erop te reageren. AI kan routineuze taken automatiseren, terwijl menselijke analisten zich richten op strategische besluitvorming.

2. **Zelflerende verdedigingssystemen**: In de toekomst zullen AI-gestuurde verdedigingssystemen steeds meer zelflerende capaciteiten hebben. Dit betekent dat ze niet alleen aanvallen kunnen afweren, maar ook kunnen leren van elke aanval en zichzelf verbeteren. Deze systemen zullen in staat zijn om automatisch nieuwe verdedigingstechnieken te ontwikkelen op basis van de aanvallen die ze tegenkomen.

3. **AI en kwantumbeveiliging**: Met de opkomst van kwantumcomputers staan we aan de vooravond van een nieuwe revolutie in cybersecurity. AI zal een cruciale rol spelen in het ontwikkelen van kwantumresistente

beveiligingssystemen die kunnen omgaan met de nieuwe dreigingen die kwantumcomputers met zich meebrengen.

Conclusie: AI als Beschermer van de Digitale Wereld

De integratie van AI en ML in cyberverdediging heeft een nieuwe dimensie toegevoegd aan hoe organisaties zichzelf beschermen tegen de steeds groter wordende dreigingen van cyberaanvallen. Door de kracht van AI te benutten voor detectie, monitoring, voorspellende analyse, en incidentrespons, hebben cyber-security-experts nieuwe tools in handen om de snel evoluerende dreigingsomgeving het hoofd te bieden.

AI biedt snelheid, precisie en schaalbaarheid die menselijke analisten simpelweg niet kunnen evenaren. Maar ondanks deze voordelen blijft de samenwerking tussen menselijke experts en AI-gestuurde systemen essentieel om complexe aanvallen te identificeren en erop te reageren. Terwijl we verder gaan in het tijdperk van AI in cybersecurity, wordt het duidelijk dat AI een fundamentele rol zal spelen in het beschermen van onze digitale wereld tegen de gevaren van cybercriminaliteit.

Zero-Day-aanvallen

Een van de meest complexe vormen van cyberaanvallen is de **zero-day-aanval**. Bij dit type aanval maken hackers gebruik van een kwetsbaarheid in software of hardware die nog niet door de ontwikkelaars of het beveiligingsteam is ontdekt of gepatcht. Omdat de kwetsbaarheid onbekend is, is er geen tijdige bescherming tegen mogelijk, waardoor het doelwit volledig onvoorbereid is. Zero-day-aanvallen worden vaak gezien als de "heilige graal" voor cybercriminelen en staatshackers, aangezien ze vaak de meest gevoelige systemen kunnen treffen en grote schade kunnen aanrichten voordat de kwetsbaarheid wordt ontdekt en verholpen.

In dit hoofdstuk verkennen we zero-day-aanvallen in detail, leggen we uit hoe hackers deze kwetsbaarheden ontdekken en uitbuiten, en kijken we naar de rol van kunstmatige intelligentie (AI) en machine-learning (ML) in zowel het identificeren als beschermen tegen zero-day-bedreigingen.

Wat zijn Zero-Day-aanvallen?

Een **zero-day-aanval** verwijst naar een aanval die wordt uitgevoerd via een kwetsbaarheid in software of hardware, waarvan de maker of ontwikkelaar nog niet op de hoogte is. Het begrip "zero-day" komt voort uit het feit dat de kwetsbaarheid pas op de dag van de aanval (dag nul) wordt ontdekt, en er nog geen patch of oplossing voor is. Dit betekent dat de ontwikkelaar geen tijd had om de kwetsbaarheid te dichten voordat de aanval plaatsvond, waardoor het doelwit bijzonder kwetsbaar is.

Voorbeelden van zero-day-aanvallen:

- **Stuxnet (2010):** Een van de bekendste zero-day-aanvallen vond plaats in 2010, toen de Stuxnet-worm werd ontdekt. Deze geavanceerde malware was gericht op Iraanse nucleaire installaties en gebruikte meerdere zero-day-exploits om industriële controlesystemen te saboteren.

- **Aurora-aanval (2009):** Deze aanval richtte zich op grote technologiebedrijven zoals Google en Adobe. Hackers maakten gebruik van een zero-day-kwetsbaarheid in Internet Explorer om toegang te krijgen tot bedrijfsnetwerken en gevoelige gegevens te stelen.

Zero-day-aanvallen zijn vaak gericht op kwetsbaarheden in populaire software of hardware, zoals besturingssystemen, webbrowsers, of netwerkinfrastructuur. Vanwege hun unieke karakter zijn deze aanvallen vaak zeer effectief, omdat er geen bestaande beveiligingsmaatregelen zijn om ze tegen te houden op het moment dat ze worden uitgevoerd.

Hoe Hackers Zero-Day-Kwetsbaarheden Vinden

Het vinden van een zero-day-kwetsbaarheid is geen eenvoudige taak. Traditioneel zijn hackers afhankelijk van uitgebreide analyses, reverse engineering van software, en soms zelfs brute force-aanvallen om zwakheden in systemen te ontdekken. De volgende methoden zijn vaak betrokken bij het identificeren van een zero-day-kwetsbaarheid:

1. **Reverse engineering van software:** Hackers bestuderen vaak de binaire code van software om zwakke plekken te vinden. Door de software terug te brengen naar de broncode, kunnen ze ongepatchte kwetsbaarheden ontdekken die ontwikkelaars hebben gemist. Dit proces vereist diepgaande kennis van programmeren en systeemarchitectuur.

2. **Fuzzing:** Een andere veelgebruikte techniek om zero-day-kwetsbaarheden te ontdekken is **fuzzing**. Bij fuzzing sturen hackers willekeurige, onverwachte of foutieve gegevens naar softwareprogramma's in de hoop dat de software crasht of zich op een onverwachte manier gedraagt. Als dit gebeurt, kan dit een teken zijn van een kwetsbaarheid die kan worden geëxploiteerd. Fuzzing is bijzonder effectief voor het vinden van buffer-overflow kwetsbaarheden of geheugenlekken.

3. **Gerichte analyse van nieuwe software-updates:** Elke keer dat een softwareontwikkelaar een nieuwe update of patch uitbrengt, kan dit ook onbedoeld nieuwe kwetsbaarheden introduceren. Hackers analyseren deze updates vaak om te zien of de nieuwe functies of veranderingen zwakheden bevatten die ze kunnen misbruiken.

4. **Dark web en exploitmarktplaatsen:** Hackers maken ook gebruik van de duistere kant van het internet om zero-day-exploits te vinden. Het dark web is de thuisbasis van marktplaatsen waar kwetsbaarheden worden verhandeld. Sommige hackers verkopen zero-day-kwetsbaarheden aan de hoogste bieder, waaronder georganiseerde cybercriminelen of zelfs overheidsinstanties.

Het ontdekken van zero-day-kwetsbaarheden vereist aanzienlijke tijd, expertise en middelen. Traditioneel werden deze kwetsbaarheden gevonden door handmatig code te analyseren of de functionaliteit van software te testen. Maar met de opkomst van kunstmatige intelligentie en machine-learning zijn hackers nu in staat om dit proces te automatiseren en te versnellen.

De Rol van AI in het Identificeren van Zero-Day-Kwetsbaarheden

Kunstmatige intelligentie en machine-learning bieden een krachtig nieuw hulpmiddel in het arsenaal van hackers die zero-day-aanvallen willen uitvoeren. In plaats van handmatige analyses of brute force-aanvallen, kunnen hackers nu AI gebruiken om zwakheden in software automatisch te identificeren en te analyseren. Hieronder volgen enkele manieren waarop AI wordt ingezet om zero-day-aanvallen te ontdekken en uit te voeren.

1. **AI-aangedreven fuzzing:** Fuzzing, een techniek waarbij ongestructureerde gegevens naar een systeem worden gestuurd om kwetsbaarheden te vinden, kan worden geautomatiseerd en geoptimaliseerd met behulp van AI. Traditionele fuzzing vereist dat hackers duizenden mogelijke invoerwaarden testen, wat tijdrovend en ineffectief kan zijn. Met machine-learning kunnen fuzzers leren van eerdere resultaten en hun testgevallen aanpassen om de meest waarschijnlijke zwakke punten in software te vinden. Hierdoor kunnen hackers kwetsbaarheden sneller en efficiënter ontdekken.

   Voorbeeld: Een AI-fuzzer kan worden getraind op duizenden software-programma's om patronen te herkennen die wijzen op mogelijke buffer-overflows of geheugenlekken. Deze fuzzer kan vervolgens dezelfde technieken toepassen op nieuwe software en met een veel hogere nauwkeurigheid kwetsbaarheden detecteren.

2. **Automatische analyse van software-updates:** Elke keer dat een ontwikkelaar een nieuwe patch of update uitbrengt, introduceert dit potentieel nieuwe kwetsbaarheden in het systeem. Hackers kunnen AI inzetten om nieuwe software-updates te analyseren op zwakheden. Door gebruik te maken van machine-learning-algoritmen kunnen hackers de code van de update vergelijken met eerdere versies en afwijkingen identificeren die mogelijk kwetsbaarheden vormen.

   Voorbeeld: Stel dat een grote cloudprovider een nieuwe update uitbrengt voor hun beheerpaneelsoftware. Een AI-algoritme kan deze update analyseren en codevergelijkingen uitvoeren met eerdere versies, waarbij het op zoek gaat naar afwijkingen of slecht geconfigureerde functies die kunnen worden uitgebuit.

3. **Code-analyse met deep learning:** Hackers gebruiken deep learning-technieken om grote hoeveelheden code automatisch te analyseren en zwakheden te identificeren. Deep learning-modellen kunnen worden getraind op bestaande kwetsbaarheden om patronen te herkennen die wijzen op potentiële zero-day-exploits. Dit stelt hackers in staat om snel grote hoeveelheden softwarecode te analyseren zonder dat ze deze handmatig hoeven te inspecteren.

   Voorbeeld: Een deep learning-model wordt getraind op een dataset van eerdere kwetsbaarheden in besturingssystemen zoals Windows of Linux. Zodra het model is getraind, kan het worden gebruikt om nieuwe besturingssysteemversies te analyseren en op zoek te gaan naar vergelijkbare patronen die wijzen op kwetsbaarheden die door menselijke ontwikkelaars zijn gemist.

4. **AI-gedreven exploitontwikkeling:** Zodra een kwetsbaarheid is ontdekt, kunnen hackers AI gebruiken om automatisch exploitcode te genereren. Dit versnelt het proces van aanvalsvectorontwikkeling en maakt het voor hackers gemakkelijker om snel te reageren op nieuwe kwetsbaarheden.

   Voorbeeld: Na het identificeren van een kwetsbaarheid in een web-applicatie kan een AI-tool automatisch exploitcode genereren die gebruik-maakt van deze kwetsbaarheid. Deze code kan vervolgens worden getest en geoptimaliseerd zonder dat de hacker handmatig exploitontwikkeling hoeft uit te voeren.

AI in Zero-Day-aanvallen: Een Dubbelzijdig Zwaard

Hoewel AI een krachtig hulpmiddel is voor hackers, wordt het ook door verdedigers ingezet om zichzelf te beschermen tegen zero-day-aanvallen. Traditionele beveiligingssystemen, zoals firewalls en antivirusprogramma's, zijn vaak afhankelijk van handtekeningen of bekende aanvalspatronen. Aangezien zero-day-aanvallen gericht zijn op kwetsbaarheden die nog niet bekend zijn, schieten deze traditionele methoden vaak tekort. Hier biedt AI een nieuw niveau van bescherming door in staat te zijn om afwijkingen in gedrag te detecteren, zelfs als er geen bekende aanvalssignaturen zijn.

1. **AI-gestuurde anomaliedetectie:** Een van de belangrijkste manieren waarop AI wordt ingezet om zero-day-aanvallen te detecteren, is door gebruik te maken van anomaliedetectie. In plaats van te vertrouwen op bekende handtekeningen, kunnen AI-systemen worden getraind om 'normaal' netwerk- en gebruikersgedrag te leren kennen. Elke afwijking van dit normale gedrag, zoals ongebruikelijke netwerkverzoeken of verdachte inlogpogingen, kan wijzen op een zero-day-aanval.

   Voorbeeld: Een AI-gestuurd systeem wordt ingezet op het netwerk van een groot technologiebedrijf. Het systeem leert het normale gedrag van duizenden gebruikers en apparaten in het netwerk. Wanneer een apparaat begint met het uitvoeren van ongebruikelijke netwerkverzoeken die afwijken van het normale gedrag, detecteert het systeem een mogelijke zero-day-aanval, zelfs zonder dat er een bekende kwetsbaarheid is.

2. **AI voor netwerksegmentatie en bedreigingsisolatie:** AI kan ook worden gebruikt om netwerken te segmenteren en bedreigingen te isoleren. Als een zero-day-aanval plaatsvindt in een deel van het netwerk, kan een AI-systeem dit segment onmiddellijk isoleren om te voorkomen dat de aanval zich verder verspreidt. Dit helpt de schade te beperken terwijl het beveiligingsteam de aanval analyseert en neutraliseert.

   Voorbeeld: Een zero-day-aanval treft de HR-database van een grote onderneming. De AI detecteert afwijkend gedrag in het netwerkverkeer dat wijst op ongeautoriseerde toegang. Het systeem segmenteert onmiddellijk de HR-database van de rest van het netwerk, waardoor de aanval wordt beperkt en de toegang tot gevoelige gegevens wordt voorkomen.

3. **Voorspellende analyse voor zero-day-aanvallen:** AI kan worden gebruikt om voorspellingen te doen over potentiële zero-day-aanvallen voordat ze plaatsvinden. Door dreigingsinformatie van verschillende bronnen te analyseren, kunnen AI-systemen trends en patronen identificeren die wijzen op nieuwe kwetsbaarheden of aanvalsvectoren. Hierdoor kunnen

organisaties proactief maatregelen nemen om zichzelf te beschermen voordat een zero-day-aanval wordt uitgevoerd.

Voorbeeld: Een bank gebruikt AI om dreigingsinformatie van over de hele wereld te analyseren. De AI herkent een toename van aanvallen gericht op specifieke software die ook door de bank wordt gebruikt. Hoewel er nog geen aanval op de bank zelf heeft plaatsgevonden, waarschuwt het AI-systeem voor een mogelijk op handen zijnde zero-day-aanval en adviseert om aanvullende beveiligingsmaatregelen te nemen.

De Toekomst van Zero-Day-aanvallen en AI

Met de voortdurende evolutie van technologie en de toenemende complexiteit van software, zullen zero-day aanvallen waarschijnlijk een grote rol blijven spelen in de wereld van cybercriminaliteit. AI zal aan beide zijden van deze strijd worden ingezet, waarbij hackers steeds meer afhankelijk worden van AI om kwetsbaarheden te vinden en te benutten, terwijl verdedigers AI gebruiken om zich te beschermen tegen onbekende bedreigingen.

4. **Zelflerende zero-day-aanvallen:** In de toekomst kunnen we verwachten dat zero-day-aanvallen nog geavanceerder zullen worden dankzij AI. Zelflerende AI-algoritmen kunnen worden ingezet om nieuwe kwetsbaarheden te ontdekken en aanvallen te ontwikkelen die zichzelf aanpassen aan de verdediging van het doelwit. Deze aanvallen zullen in staat zijn om in real-time hun strategie te veranderen, afhankelijk van de reacties van het doelwit, waardoor ze nog moeilijker te stoppen zullen zijn.

5. **AI voor zero-day-marktplaatsen**: De zwarte markten waar zero-day-exploits worden verhandeld, zullen waarschijnlijk ook profiteren van AI. Geautomatiseerde systemen kunnen worden ontwikkeld om exploits te testen en te optimaliseren voordat ze op de zwarte markt worden verkocht, wat de waarde van deze kwetsbaarheden verhoogt en ze toegankelijker maakt voor een breder scala aan kwaadwillende actoren.

6. **Voortdurende strijd tussen AI en AI**: Naarmate AI een steeds grotere rol speelt in zowel aanvallen als verdediging, zullen we waarschijnlijk een voortdurende strijd zien tussen AI-gestuurde aanvallen en AI-gestuurde

verdediging. Dit zal leiden tot een steeds hogere mate van automatisering in zowel cyberaanvallen als cybersecurity, waarbij beide partijen voortdurend proberen om elkaar te slim af te zijn.

AI en Zero-Day-aanvallen – Een Nieuwe Realiteit

Zero-day-aanvallen vertegenwoordigen een van de grootste uitdagingen voor moderne cybersecurity. Omdat deze aanvallen gericht zijn op onbekende kwetsbaarheden, zijn traditionele verdedigingsmechanismen vaak ontoereikend om ze te detecteren en te stoppen. De opkomst van AI heeft hackers nieuwe hulpmiddelen gegeven om zero-day-kwetsbaarheden te ontdekken en uit te buiten, waardoor het risico op dergelijke aanvallen alleen maar groter wordt.

Aan de andere kant biedt AI ook nieuwe verdedigingsmechanismen voor organisaties die zich willen beschermen tegen deze geavanceerde bedreigingen. Door gebruik te maken van anomaliedetectie, voorspellende analyse, en geautomatiseerde incidentrespons, kunnen AI-systemen helpen om zero-day-aanvallen vroegtijdig te identificeren en te neutraliseren. Naarmate de technologie zich verder ontwikkelt, zullen AI en machine-learning een centrale rol spelen in de voortdurende strijd tussen aanvallers en verdedigers in de digitale wereld.

Het Ransomware Tijdperk

De opkomst van ransomware-aanvallen heeft het cyberbeveiligingslandschap drastisch veranderd. Wat begon als een relatief eenvoudig afpersingsmodel, waarbij hackers persoonlijke bestanden versleutelden en losgeld eisten voor hun vrijgave, is geëvolueerd tot een zeer geavanceerde en georganiseerde vorm van cybercriminaliteit. De afgelopen jaren zijn ransomware-aanvallen uitgegroeid tot een miljardenindustrie, waarbij bedrijven, overheden en zelfs ziekenhuizen worden getroffen door aanvallen die soms hele netwerken kunnen lamleggen.

Ransomware-aanvallen hebben zich in verschillende stadia ontwikkeld, van handmatig uitgevoerde aanvallen tot volledig geautomatiseerde campagnes die gebruikmaken van kunstmatige intelligentie (AI) en machine-learning (ML) om efficiënter en doelgerichter te werk te gaan. In dit hoofdstuk verkennen we de evolutie van ransomware, de impact ervan op organisaties, en hoe AI deze aanvallen vergemakkelijkt. We zullen ook kijken naar enkele specifieke technieken en voorbeelden van hoe AI de kracht van ransomware-aanvallen vergroot.

De Evolutie van Ransomware

Ransomware is een vorm van malware die bestanden op een geïnfecteerde computer of netwerk versleutelt en de toegang ertoe blokkeert totdat het slachtoffer losgeld betaalt aan de aanvallers. De eerste gevallen van ransomware waren relatief eenvoudig en richtten zich voornamelijk op individuele gebruikers. Een typisch ransomware-aanval zou beginnen met een kwaadaardige bijlage of een schadelijke link die het slachtoffer opent, waarna hun bestanden worden versleuteld.

Met de tijd werden ransomware-aanvallen steeds geavanceerder en grootschaliger. De aanvallen verschoof van individuele gebruikers naar bedrijven, overheden en zelfs vitale infrastructuren zoals ziekenhuizen en nutsbedrijven. Ransomware-exploits worden nu vaak uitgevoerd door georganiseerde criminele netwerken, waarbij gebruik wordt gemaakt van complexere technieken zoals phishingcampagnes, exploitkits en zelfs social engineering om toegang te krijgen tot de systemen van hun doelwitten.

In deze fase van ontwikkeling is AI een belangrijke factor geworden in de schaalvergroting van ransomware-aanvallen. Aanvallers gebruiken AI en ML niet alleen om efficiënter toegang te krijgen tot systemen, maar ook om hun aanvallen te automatiseren, aan te passen aan de verdediging van het doelwit en zich aan te passen aan de specifieke omstandigheden van elk doelwit.

De Impact van Ransomware-aanvallen

Ransomware-aanvallen hebben een verwoestende impact gehad op organisaties over de hele wereld. Bedrijven worden vaak geconfronteerd met aanzienlijke verstoringen van hun bedrijfsvoering, verlies van gegevens, en ernstige reputatieschade. Bovendien worden veel slachtoffers gedwongen om aanzienlijke sommen geld te betalen om hun gegevens terug te krijgen, vaak in de vorm van cryptocurrency zoals Bitcoin, om de anonimiteit van de aanvallers te waarborgen.

De impact van ransomware-aanvallen kan op verschillende niveaus worden gevoeld:

1. **Financiële verliezen:** Een van de meest directe gevolgen van een ransomware-aanval is het financiële verlies dat een organisatie lijdt. Dit kan variëren van het betalen van het losgeld zelf tot de kosten van downtime, het verlies van productiviteit, en de kosten van het herstellen van de systemen. Grote bedrijven kunnen miljoenen dollars verliezen, niet alleen door het betalen van losgeld, maar ook door de bedrijfsonderbrekingen die een aanval veroorzaakt.

2. **Verlies van vertrouwen en reputatie:** Ransomware-aanvallen kunnen ernstige gevolgen hebben voor het vertrouwen van klanten en partners in een organisatie. Het verlies van gevoelige gegevens of de onmogelijkheid om belangrijke diensten te verlenen, kan blijvende schade toebrengen aan de reputatie van een bedrijf. Dit verlies van vertrouwen kan lang nadat de aanval is verholpen, merkbaar blijven en resulteren in een daling van de klanttevredenheid of zelfs rechtszaken.

3. **Bedreiging voor vitale infrastructuren:** Sommige ransomware-aanvallen hebben zich gericht op kritieke infrastructuren zoals ziekenhuizen, elektriciteitsnetwerken en waterzuiveringsinstallaties. Wanneer dergelijke

infrastructuren worden getroffen, kunnen de gevolgen levensbedreigend zijn. In sommige gevallen hebben ziekenhuizen patiënten moeten verplaatsen of operaties moeten annuleren omdat hun systemen waren vergrendeld door ransomware.

4. **Verstoring van wereldwijde toeleveringsketens:** Een recent voorbeeld van de wereldwijde impact van ransomware is de aanval op een van de grootste vleesverwerkers ter wereld. De aanval leidde tot verstoringen in de toeleveringsketen, met gevolgen voor voedselprijzen en product-beschikbaarheid. Dit toont aan hoe ransomware-aanvallen hele sectoren kunnen beïnvloeden, met economische schade die veel verder reikt dan alleen het getroffen bedrijf.

Met deze verstrekkende gevolgen is het duidelijk waarom ransomware-aanvallen zo'n grote dreiging vormen voor bedrijven en overheden. De rol van AI in deze aanvallen heeft hen echter nog dodelijker en moeilijker te bestrijden gemaakt.

De rol van AI in Ransomware-aanvallen

De inzet van AI in ransomware-aanvallen heeft deze vorm van cybercriminaliteit drastisch versterkt. Waar aanvallers vroeger afhankelijk waren van handmatig uitgevoerde aanvallen en eenvoudige technieken om toegang te krijgen tot een systeem, kunnen ze nu geavanceerde AI-algoritmen inzetten om hun aanvallen te automatiseren, efficiënter te maken, en te verhullen voor traditionele beveiligings-maatregelen.

Er zijn verschillende manieren waarop AI wordt gebruikt in ransomware-aanvallen:

1. **Automatisering van aanvallen met AI:** Traditioneel zouden ransomware-aanvallen handmatig worden gepland en uitgevoerd door een groep aanvallers. Met AI kunnen aanvallen echter volledig worden geauto-matiseerd, van de initiële verkenning van het doelwit tot de uiteindelijke versleuteling van bestanden. AI kan enorme hoeveelheden gegevens doorzoeken, kwetsbaarheden in het netwerk ontdekken, en vervolgens beslissen hoe de aanval het beste kan worden uitgevoerd.

Voorbeeld: Een ransomware-aanval kan beginnen met het analyseren van netwerkinfrastructuren van een doelwit met behulp van AI. De AI kan netwerkverkeer monitoren en patronen in netwerkactiviteiten identificeren om de beste toegangspunten voor een aanval te ontdekken. Zodra een zwakke plek is gevonden, kan de aanval volledig worden geautomatiseerd, waarbij de ransomware zichzelf verspreidt en automatisch bestanden versleutelt zonder dat menselijke tussenkomst nodig is.

2. **Slimmere phishingcampagnes:** Phishing, een van de belangrijkste methoden om ransomware te verspreiden, is ook verbeterd door AI. Aanvallers gebruiken AI om veel realistischer ogende phishing-e-mails te genereren die zijn afgestemd op de doelwitten. AI-modellen kunnen grote hoeveelheden gegevens analyseren, zoals sociale media-profielen en openbare informatie, om zeer gerichte en gepersonaliseerde phishing-berichten te maken. Dit verhoogt de kans dat het slachtoffer op een schade-lijke link klikt en de ransomware onbedoeld activeert.

   Voorbeeld: Een werknemer van een groot bedrijf ontvangt een phishing-e-mail die afkomstig lijkt te zijn van hun baas, met een onderwerp dat rechtstreeks verband houdt met hun werk. Dankzij AI heeft de aanvaller details over de werkrelaties en het e-mailgedrag van de werknemer verzameld om de e-mail uiterst geloofwaardig te maken. Het slachtoffer opent het bijgevoegde bestand en activeert per ongeluk de ransomware, waardoor de systemen van het bedrijf worden vergrendeld.

3. **AI-gestuurde aanpassing aan verdediging:** Traditionele ransomware kan worden gedetecteerd en gestopt door antivirussoftware of firewalls. Moderne ransomware die door AI wordt aangedreven, kan zich echter aanpassen aan de verdediging die het tegenkomt. AI-algoritmen kunnen leren van de reactie van de beveiligingssystemen van het doelwit en hun gedrag aanpassen om detectie te vermijden. Dit maakt het voor traditionele beveiligingssystemen veel moeilijker om ransomware-aanvallen te stoppen.

   Voorbeeld: Tijdens een ransomware-aanval detecteert het systeem van het doelwit de kwaadaardige activiteit en probeert het de verspreiding te blokkeren. De AI-gestuurde ransomware merkt de verdediging op en past zijn gedrag aan door zijn netwerkactiviteit te verminderen en zich te verbergen binnen normaal netwerkverkeer. Hierdoor wordt de aanval onopgemerkt voortgezet, terwijl de ransomware blijft versleutelen zonder dat de beveiligingssystemen alarm slaan.

4. **Snelheid en schaalbaarheid van aanvallen:** Met AI kunnen ransomware-aanvallen sneller en op grotere schaal worden uitgevoerd. Een AI-aangedreven ransomware-aanval kan tegelijkertijd honderden of zelfs duizenden doelwitten treffen door geautomatiseerde mechanismen te gebruiken om kwetsbare systemen te identificeren en aan te vallen. Deze schaalbaarheid is bijzonder gevaarlijk voor bedrijven met een groot aantal verbonden apparaten of een gedistribueerd netwerk.

   Voorbeeld: Een aanval op een groot gedistribueerd netwerk van IoT-apparaten in een ziekenhuis maakt gebruik van AI om snel kwetsbare apparaten te identificeren en aan te vallen. Binnen enkele minuten zijn tientallen apparaten geïnfecteerd, en worden kritieke medische systemen, zoals MRI-scanners en hartbewakingsapparaten, vergrendeld, wat leidt tot ernstige onderbrekingen in de medische zorg.

Specifieke Technieken in AI-Gestuurde Ransomware-aanvallen

Er zijn verschillende specifieke technieken die worden gebruikt door aanvallers om ransomware-aanvallen te verbeteren met behulp van AI:

1. **Polymorfe ransomware:** Een van de meest effectieve manieren waarop AI ransomware kan verbeteren, is door het creëren van polymorfe malware. Polymorfe ransomware kan zichzelf voortdurend aanpassen en herconfigureren om detectie door antivirussoftware te voorkomen. AI kan worden gebruikt om de code van de ransomware op intelligente wijze te veranderen, zodat elke nieuwe aanval anders is dan de vorige, waardoor de malware onzichtbaar blijft voor beveiligingssystemen.

   Voorbeeld: Een ransomware-aanval wordt uitgevoerd op een financiële instelling. De AI-aangedreven ransomware verandert zijn code elke keer dat het een nieuw bestand aanvalt, waardoor traditionele antivirusprogramma's de malware niet kunnen herkennen. Dit zorgt ervoor dat de aanval zich kan verspreiden zonder dat er waarschuwingen worden gegeven.

2. **Deepfake phishing:** Een andere techniek die wordt versterkt door AI, is het gebruik van deepfakes voor social engineering-aanvallen. Deepfake-technologieën gebruiken AI om overtuigende video's of audioberichten te creëren die afkomstig lijken te zijn van betrouwbare bronnen. Hackers kunnen deze technologie gebruiken om werknemers te misleiden en hen te overtuigen kwaadaardige software te openen, waardoor ransomware toegang krijgt tot de systemen van het bedrijf.

Voorbeeld: Een aanvaller creëert een deepfake-video van een CEO die werknemers instrueert om een bepaald bestand te openen dat zogenaamd belangrijke informatie bevat. De video ziet er zo authentiek uit dat niemand vermoedt dat het een valse instructie is. Wanneer het bestand wordt geopend, wordt de ransomware geactiveerd en verspreidt het zich door het netwerk van het bedrijf.

3. **AI-gestuurde aanvalspaden:** AI kan ook worden gebruikt om de meest efficiënte aanvalspaden te berekenen. Door netwerken en systemen te analyseren, kan AI zwakke plekken identificeren en de snelste route naar waardevolle gegevens of kritieke systemen bepalen. Dit maakt het mogelijk om gerichte aanvallen uit te voeren die veel meer schade kunnen aanrichten dan traditionele ransomware-aanvallen.

Voorbeeld: Een AI-algoritme analyseert het netwerk van een groot productiebedrijf en ontdekt dat een bepaald segment van het netwerk slecht beveiligd is. De ransomware maakt gebruik van deze zwakke plek en verspreidt zich via dit segment om toegang te krijgen tot het centrale beheersysteem, waar het de controle over de productieprocessen overneemt en losgeld eist voor het herstel van de normale bedrijfsvoering.

De Strijd Tegen AI-Gestuurde Ransomware

Terwijl ransomware-aanvallen steeds meer gebruikmaken van AI, hebben cybersecurity-experts ook AI ingezet om deze aanvallen tegen te gaan. AI speelt een cruciale rol in het vroegtijdig detecteren van ransomware, het monitoren van netwerkverkeer, en het voorspellen van potentiële aanvallen voordat ze plaatsvinden.

1. **AI-gestuurde ransomwaredetectie:** Een van de belangrijkste manieren waarop AI wordt gebruikt om ransomware-aanvallen te bestrijden, is door gebruik te maken van machine-learning-modellen om kwaadaardige activiteiten vroegtijdig te detecteren. Door patronen in netwerkverkeer en bestandsactiviteit te analyseren, kan AI afwijkingen detecteren die wijzen op ransomware, zelfs voordat de bestanden worden versleuteld.

2. **Realtime monitoring en respons:** AI wordt ook ingezet om real-time netwerkverkeer te monitoren en te reageren op verdachte activiteiten. Als een ransomware-aanval wordt gedetecteerd, kan AI automatisch reageren door geïnfecteerde systemen in quarantaine te plaatsen, verdachte processen te blokkeren en de aanval te neutraliseren voordat deze zich verder verspreidt.

3. **Voorspellende analyse voor ransomware:** AI kan ook worden gebruikt om ransomware-aanvallen te voorspellen voordat ze plaatsvinden. Door dreigingsinformatie te analyseren en trends in cyberaanvallen te monitoren, kunnen AI-systemen organisaties waarschuwen voor opkomende ransomware-bedreigingen en hen in staat stellen proactieve maatregelen te nemen om zichzelf te beschermen.

Ransomware in het Tijdperk van AI

Ransomware-aanvallen blijven zich ontwikkelen en vormen een ernstige bedreiging voor bedrijven en organisaties over de hele wereld. De inzet van AI door aanvallers heeft deze vorm van cybercriminaliteit nog gevaarlijker gemaakt, waardoor aanvallen sneller, efficiënter en moeilijker te detecteren zijn geworden. Aanvallers gebruiken AI om phishingcampagnes te verbeteren, hun aanvallen te automatiseren en polymorfe malware te ontwikkelen die traditionele beveiligingssystemen kan omzeilen.

Tegelijkertijd gebruiken cybersecurity-experts AI om ransomware-aanvallen te detecteren en te bestrijden. Door AI in te zetten voor vroegtijdige detectie, real-time monitoring en voorspellende analyse, kunnen organisaties zich beter verdedigen tegen de steeds groter wordende dreiging van ransomware. De voortdurende strijd tussen aanvallers en verdedigers in het tijdperk van AI zal de komende jaren blijven escaleren, waarbij beide partijen steeds geavanceerdere technologieën gebruiken om elkaar te slim af te zijn.

De Tegenaanval met AI

De opkomst van ransomware-aanvallen heeft organisaties gedwongen om verder te kijken dan traditionele verdedigingsmethoden. Ransomware-aanvallen zijn door de jaren heen complexer, agressiever en geavanceerder geworden, vaak aangedreven door kunstmatige intelligentie (AI) en machine-learning (ML) technologieën die aanvallen in real-time kunnen aanpassen en optimaliseren. Om deze dreigingen effectief te bestrijden, wenden cybersecurity-experts zich steeds meer tot dezelfde technologieën. In plaats van uitsluitend reactief te handelen, stelt AI bedrijven in staat om proactief ransomware-aanvallen te detecteren, neutraliseren en zelfs te voorkomen.

In dit hoofdstuk bespreken we de rol van AI in de verdediging tegen ransomware. We kijken naar hoe AI kan worden gebruikt om patronen te leren herkennen en bedreigingen vroegtijdig te stoppen. Ook zullen we onderzoeken hoe AI-modellen kunnen bijdragen aan de detectie en neutralisatie van ransomware, en welke preventieve maatregelen mogelijk zijn dankzij machine-learning-technologieën.

De Noodzaak van een Proactieve Aanpak

Ransomware-aanvallen zijn vaak bijzonder schadelijk omdat ze pas worden ontdekt wanneer het te laat is. Een traditionele verdediging is doorgaans gebaseerd op handmatige detectie en reactieve stappen: antivirussoftware identificeert een dreiging nadat deze al actief is geworden, of een beveiligingsmedewerker ontdekt een aanval nadat de ransomware bestanden heeft versleuteld. Deze reactieve aanpak geeft aanvallers een aanzienlijke voorsprong, omdat een aanval vaak pas wordt opgemerkt wanneer de schade al is aangericht.

Dit is precies waar AI een belangrijke rol kan spelen. Door het analyseren van enorme hoeveelheden data en het leren herkennen van patronen die wijzen op kwaadaardige activiteiten, kunnen AI-modellen ransomware detecteren voordat de aanval volledig is uitgevoerd. Bovendien kan AI veel sneller reageren dan menselijke analisten, waardoor potentiële aanvallen in een vroeg stadium kunnen worden geneutraliseerd.

Een van de grootste voordelen van AI in de strijd tegen ransomware is de mogelijkheid om gedragsanalyse en anomaliedetectie uit te voeren. Dit stelt beveiligingssystemen in staat om ongebruikelijk gedrag te herkennen en onmiddellijk actie te ondernemen, nog voordat er schade wordt aangericht. Laten we beginnen met te begrijpen hoe AI-modellen worden ontwikkeld en gebruikt om ransomware te detecteren en te neutraliseren.

AI-Gestuurde Detectie van Ransomware

AI speelt steeds meer een cruciale rol in het detecteren van ransomware-aanvallen voordat deze zich kunnen voltrekken. Waar traditionele beveiligingssystemen afhankelijk zijn van handtekeningen van bekende malware of regels die vooraf zijn geconfigureerd door beveiligingsspecialisten, leert AI van eerdere incidenten en kan het gedrag analyseren dat niet noodzakelijk overeenkomt met eerder bekende aanvalspatronen. Dit maakt AI bijzonder effectief in het detecteren van nieuwe, ongekende varianten van ransomware, inclusief polymorfe malware die constant van vorm verandert.

1. **Gedragsanalyse voor vroege detectie**: AI-modellen kunnen worden getraind om normaal gedrag van gebruikers, apparaten en systemen te begrijpen. Wanneer er een afwijking optreedt, zoals een plotselinge toename in gegevensoverdracht, ongebruikelijke bestandstoegang, of een onverklaarbare wijziging in bestandsstructuren, kan de AI dit onmiddellijk herkennen als potentieel kwaadaardig gedrag.

   Voorbeeld: Een AI-systeem dat de netwerkactiviteiten van een bedrijf monitort, leert het normale netwerkverkeer kennen. Wanneer ransomware een systeem binnendringt en begint met het snel versleutelen van bestanden, detecteert de AI een abnormaal hoog gebruik van de CPU en het bestandssysteem. Het systeem stuurt automatisch een waarschuwing en neemt stappen om de verdachte activiteit te isoleren voordat de ransomware zich verder kan verspreiden.

2. **AI-gestuurde anomaliedetectie**: Naast gedragsanalyse maakt AI gebruik van anomaliedetectie om ransomware te detecteren. Deze technologie analyseert grote hoeveelheden data in real-time en is ontworpen om

onregelmatigheden op te sporen die wijzen op een dreiging. AI-systemen kunnen bijvoorbeeld abnormale netwerkverzoeken, verdachte data-transfers of ongebruikelijke login-pogingen detecteren. Deze anomalieën kunnen een aanwijzing zijn voor een ransomware-aanval in een vroeg stadium.

Voorbeeld: Een AI-model dat specifiek is ontworpen voor het detecteren van ransomware, merkt dat een aantal bestanden tegelijkertijd wordt versleuteld door een programma dat eerder niet bekend was. Hoewel de ransomware zelf geen bekende malware-handtekening heeft, herkent de AI het afwijkende gedrag als kwaadaardig en stuurt een waarschuwing naar het beveiligingsteam om verdere schade te voorkomen.

3. **Monitoring van bestandsactiviteiten en encryptie**: Een van de meest opvallende kenmerken van ransomware is de manier waarop het bestanden versleutelt. AI kan de interactie van programma's met bestanden moni-toren, waarbij het de snelheid en het patroon van bestandswijzigingen in de gaten houdt. Zodra een patroon van massale bestandssleuteling wordt gedetecteerd, kan AI snel reageren om verdere encryptie te voorkomen.

Voorbeeld: Een AI-systeem dat is ontworpen om ransomware-aanvallen op te sporen, analyseert het gedrag van een programma dat probeert om toegang te krijgen tot een groot aantal bestanden in een korte tijdspanne. Het systeem detecteert de versleuteling van deze bestanden en blokkeert onmiddellijk de toegang van het programma tot het systeem, waardoor het verdere schade voorkomt.

Het Neutraliseren van Ransomware met AI

Naast het detecteren van ransomware, is AI ook essentieel voor het neutraliseren van aanvallen zodra ze zijn gedetecteerd. AI kan realtime reageren om de versprei-ding van ransomware te stoppen, geïnfecteerde systemen te isoleren en zelfs herstel-processen te initiëren. Dit alles kan gebeuren zonder menselijke tussenkomst, wat cruciaal is in scenario's waarin elke seconde telt.

1. **Geautomatiseerde incidentrespons**: Een van de meest waardevolle toepassingen van AI in cybersecurity is het vermogen om snel te reageren op bedreigingen. Wanneer een ransomware-aanval wordt gedetecteerd, kan AI geautomatiseerde incidentresponsprocessen starten om verdere schade te voorkomen. Dit kan inhouden dat verdachte processen worden gestopt, geïnfecteerde systemen in quarantaine worden geplaatst, en netwerk-toegang wordt geblokkeerd voor systemen die worden aangevallen.

   Voorbeeld: In een productiebedrijf detecteert een AI-model dat ransomware bestanden begint te versleutelen op een belangrijke server. Het systeem onderneemt onmiddellijk actie door de ransomware te stoppen, de server los te koppelen van het netwerk en een herstelprocedure te starten met behulp van back-ups. Dit voorkomt dat de aanval zich uitbreidt naar andere systemen in het netwerk en minimaliseert de schade.

2. **Sandboxing en dreigingsisolatie**: AI kan worden gebruikt om verdachte bestanden en processen in een geïsoleerde sandbox-omgeving te plaatsen. Een sandbox simuleert een echte omgeving, waarin de ransomware wordt vrijgelaten om te zien hoe deze zich gedraagt. Als de ransomware kwaadaardige activiteiten vertoont, zoals het versleutelen van bestanden of het versturen van gegevens naar een onbekende server, kan het systeem de aanval isoleren en stoppen voordat het zich verspreidt naar het echte netwerk.

   Voorbeeld: Een AI-gestuurde sandbox analyseert een bestand dat afkomstig is uit een verdachte e-mailbijlage. Zodra het bestand wordt uitgevoerd in de sandbox, probeert het bestanden op het systeem te versleutelen. De AI herkent het gedrag als ransomware en voorkomt dat het bestand wordt uitgevoerd in de daadwerkelijke productieomgeving, terwijl het beveiligingsteam op de hoogte wordt gesteld.

3. **Zelfherstellende netwerken**: AI kan worden gebruikt om netwerken zelfherstellend te maken na een ransomware-aanval. Zodra een aanval is gedetecteerd en geneutraliseerd, kan AI geautomatiseerd herstel starten door het herstellen van back-ups, het uitvoeren van hersteloperaties en het herconfigureren van kwetsbare systemen om toekomstige aanvallen te voorkomen. Dit proces minimaliseert de downtime en vermindert de impact van de aanval op de bedrijfsvoering.

Voorbeeld: Een ziekenhuis wordt getroffen door een ransomware-aanval die een aantal belangrijke medische dossiers versleutelt. Nadat de aanval is gestopt, start een AI-gestuurd systeem automatisch het herstel van de versleutelde bestanden vanuit recente back-ups, waardoor de downtime wordt geminimaliseerd en de zorg voor patiënten kan worden voortgezet zonder ernstige onderbrekingen.

Voorkomen van Ransomware-aanvallen met AI

Hoewel detectie en neutralisatie van ransomware cruciaal zijn, is preventie het ultieme doel van elke cybersecurity-strategie. Het voorkomen van ransomware-aanvallen betekent dat organisaties niet alleen reactief, maar ook proactief moeten handelen. AI speelt hierbij een belangrijke rol door bedreigingen te voorspellen en beveiligingssystemen te versterken om aanvallen te voorkomen voordat ze plaatsvinden.

1. **Predictive analytics en dreigingsvoorspelling**: AI kan worden gebruikt om voorspellende analyses uit te voeren en opkomende ransomware-dreigingen te identificeren voordat ze daadwerkelijk worden uitgevoerd. Door grote hoeveelheden gegevens te analyseren en trends in cyber-aanvallen te monitoren, kan AI waarschuwingen genereren voor nieuwe ransomware-campagnes die zich mogelijk richten op specifieke sectoren of bedrijven.

    Voorbeeld: Een AI-systeem dat is geïntegreerd met meerdere bronnen van dreigingsinformatie, merkt op dat er een toename is in ransomware-aanvallen die gericht zijn op de financiële sector. Op basis van deze informatie kunnen banken en andere financiële instellingen proactieve maatregelen nemen, zoals het versterken van hun firewalls, het opvoeren van e-mailfilters en het trainen van hun personeel om phishing-aanvallen te herkennen.

2. **Netwerksegmentatie en toegangslimieten**: Een van de belangrijkste maatregelen die AI kan helpen implementeren is netwerksegmentatie, waarbij kritieke delen van een netwerk worden afgescheiden van minder gevoelige delen. Hierdoor kan ransomware, zelfs als het erin slaagt om

71

binnen te dringen, zich niet gemakkelijk door het hele netwerk verspreiden. AI kan helpen om de toegang tot gevoelige delen van een netwerk te beperken op basis van realtime dreigingsinformatie en gedragsanalyse.

Voorbeeld: Een groot productiebedrijf gebruikt AI om het netwerkverkeer tussen verschillende afdelingen te monitoren. Wanneer een gebruiker uit de HR-afdeling plotseling probeert toegang te krijgen tot servers van de productieafdeling (een actie die buiten hun normale taken valt), blokkeert de AI onmiddellijk de toegang en waarschuwt het beveiligingsteam voor een mogelijke aanvalspoging.

3. **Proactieve patching en kwetsbaarheidsbeheer**: Een van de belangrijkste oorzaken van ransomware-aanvallen is het misbruik van ongedekte kwetsbaarheden in software en systemen. AI kan worden gebruikt om kwetsbaarheidsbeheer te automatiseren, waarbij systemen worden gescand op bekende kwetsbaarheden en patches automatisch worden toegepast. Dit vermindert het risico dat ransomware zwakke punten in het systeem kan uitbuiten.

Voorbeeld: Een AI-gestuurde tool voor kwetsbaarheidsbeheer scant voortdurend de software en systemen van een groot ziekenhuis. Zodra een kwetsbaarheid wordt ontdekt die door ransomware-aanvallers kan worden misbruikt, informeert de AI het IT-team en voert het automatisch de benodigde patches uit om de kwetsbaarheid te dichten voordat aanvallers deze kunnen benutten.

4. **Gebruikersgedrag en phishing-preventie**: Een van de meest voorkomende manieren waarop ransomware-systemen binnendringt, is via phishing-e-mails. AI kan helpen bij het monitoren van gebruikersgedrag en het waarschuwen voor potentieel verdachte interacties met e-mails en bijlagen. Dit kan bijvoorbeeld worden gedaan door AI-modellen te trainen om ongebruikelijk e-mailgedrag of pogingen tot toegang tot gevoelige gegevens te detecteren.

Voorbeeld: Een AI-gestuurd beveiligingssysteem analyseert e-mails die zijn verzonden naar medewerkers van een bedrijf en detecteert dat een bepaalde e-mail phishing-achtige eigenschappen vertoont, zoals ongebruikelijke afzenders en verdachte bijlagen. De AI blokkeert de e-mail voordat deze de inbox van de gebruiker bereikt, waardoor het risico op een ransomware-infectie wordt verminderd.

AI-Modellen die Ransomware Patronen Leren Herkennen

AI-modellen worden steeds meer ingezet in de strijd tegen ransomware, omdat ze in staat zijn om ransomware-patronen te leren herkennen door middel van gegevens-analyse en machine-learning. Deze modellen kunnen worden getraind op datasets van eerdere ransomware-aanvallen om nieuwe varianten van ransomware te herkennen op basis van gedragspatronen in plaats van enkel handtekeningen.

1. **Supervised learning-modellen**: Bij supervised learning wordt een AI-model getraind op gelabelde gegevens – in dit geval bekende ransomware-activiteiten. Het model leert het gedrag en de kenmerken van verschillende ransomwarevarianten te herkennen, en kan dit vervolgens toepassen op nieuwe, ongeziene aanvallen. Deze modellen zijn bijzonder effectief voor het detecteren van polymorfe ransomware, die voortdurend van vorm verandert.

2. **Unsupervised learning-modellen**: Naast supervised learning kunnen unsupervised learning-modellen worden ingezet om abnormaal gedrag te detecteren zonder dat er vooraf gelabelde datasets nodig zijn. Deze modellen kunnen afwijkingen in netwerkverkeer of gebruikersgedrag identificeren die wijzen op ransomware, zelfs als het om een geheel nieuwe aanval gaat.

3. **Reinforcement learning-modellen**: Bij reinforcement learning leert een AI-systeem door middel van feedback. Het model krijgt beloningen voor correcte detecties en straffen voor fouten. Na verloop van tijd leert het model de meest effectieve strategieën om ransomware-aanvallen te detecteren en te stoppen. Dit type model kan worden gebruikt in dynamische omgevingen waar het gedrag van ransomware constant verandert.

De Toekomst van AI in Ransomware-bestrijding

AI blijft zich ontwikkelen en wordt steeds belangrijker in de strijd tegen ransomware. Naarmate ransomware-aanvallen complexer worden en aanvallers steeds geavanceerdere technieken gebruiken, zal AI een nog grotere rol spelen bij het beschermen van netwerken en systemen. Enkele toekomstige ontwikkelingen kunnen zijn:

1. **Zelflerende AI-systemen**: AI-modellen zullen steeds zelflerender worden, waarbij ze zichzelf voortdurend verbeteren op basis van nieuwe aanvallen en beveiligingsincidenten. Dit zal leiden tot beveiligingssystemen die voortdurend evolueren en zich aanpassen aan nieuwe bedreigingen, zonder dat er voortdurend menselijke tussenkomst nodig is.

2. **AI-gestuurde cyberpolitie**: In de toekomst zou AI een grotere rol kunnen spelen bij het opsporen en stoppen van cybercriminelen, waarbij AI-gestuurde systemen kunnen worden ingezet om bedreigingen in real-time te volgen en aanvallers te identificeren voordat ze grote schade kunnen aanrichten.

3. **AI-gebaseerde kwantumbeveiliging**: Naarmate kwantumcomputers steeds vaker voorkomen, zullen AI-systemen worden ingezet om systemen te beveiligen tegen de enorme rekenkracht die door kwantumcomputers kan worden gebruikt voor cyberaanvallen. AI zal een cruciale rol spelen bij het ontwikkelen van kwantumresistente beveiligingstechnologieën die ransomware-aanvallen in een kwantumtijdperk kunnen weerstaan.

AI in de Strijd tegen Ransomware

De tegenaanval met AI tegen ransomware biedt nieuwe mogelijkheden om cyber-dreigingen vroegtijdig te detecteren, te neutraliseren en te voorkomen. Door gedragsanalyse, anomaliedetectie en voorspellende analyse kunnen AI-systemen geavanceerde ransomware-aanvallen identificeren en stoppen voordat ze grote schade kunnen aanrichten. Bovendien stelt AI organisaties in staat om hun beveiligingsstrategieën te automatiseren en kwetsbaarheden proactief te beheren, waardoor de kans op succesvolle aanvallen wordt verminderd.

De inzet van AI in ransomware-bestrijding is essentieel geworden in een tijdperk waarin cyberdreigingen steeds geavanceerder worden. Terwijl ransomware-aanvallen zich blijven ontwikkelen, zal AI een centrale rol spelen in de verdediging, door organisaties te voorzien van geavanceerde tools om zichzelf te beschermen en aanvallers te stoppen.

De Menselijke Factor

In het huidige tijdperk van geavanceerde cyberdreigingen zijn kunstmatige intelligentie (AI) en machine-learning (ML) krachtige hulpmiddelen geworden in de strijd tegen ransomware, zero-day-aanvallen en andere vormen van cybercriminaliteit. Deze technologieën kunnen enorme hoeveelheden data analyseren, patronen herkennen en in real-time reageren op bedreigingen. Echter, ondanks de groeiende rol van AI en ML in cybersecurity, blijft de menselijke factor een essentiële schakel in het verdedigen van netwerken en systemen tegen kwaadwillenden. De samenwerking tussen mens en machine is van cruciaal belang om cyberaanvallen effectief te detecteren en af te weren.

In dit hoofdstuk richten we ons op de menselijke rol in cybersecurity. Hoewel AI en ML een sterke technologische basis bieden, zijn menselijke intuïtie, oordeel en creativiteit onmisbaar. De samenwerking tussen mens en machine is essentieel om de steeds veranderende dreigingen van cybercriminelen tegen te gaan. We verkennen hoe mensen en AI kunnen samenwerken, de uitdagingen van automatisering, en waarom menselijke expertise nooit volledig kan worden vervangen door technologie.

De Grenzen van AI en Machine-learning

Hoewel AI en ML krachtige technologieën zijn, kennen ze ook hun beperkingen. Ondanks hun vermogen om grote hoeveelheden gegevens te verwerken en patronen te herkennen, missen deze systemen vaak de flexibiliteit en het aanpassingsvermogen van de menselijke geest. AI is sterk afhankelijk van de kwaliteit van de trainingsgegevens, en als de algoritmen niet goed zijn geconfigureerd of getraind op relevante gegevens, kunnen ze fouten maken of kritieke signalen missen.

1. **Gebrek aan context**: AI en ML kunnen patronen herkennen op basis van gegevens, maar ze kunnen de context van een situatie vaak niet volledig begrijpen zoals een mens dat kan. Een anomalie die door een AI-systeem wordt gedetecteerd, kan bijvoorbeeld geen kwaad betekenen, maar zonder de juiste context kan het systeem het als een bedreiging zien en valse alarmen afgeven.

77

Voorbeeld: Een medewerker besluit om vanuit een andere locatie toegang te krijgen tot bedrijfsgegevens vanwege een noodsituatie. AI kan dit zien als ongebruikelijk gedrag en het identificeren als een mogelijke inbraak-poging, terwijl een menselijke beveiligingsanalist mogelijk de situatie begrijpt en geen actie zou ondernemen. Deze menselijke intuïtie kan helpen om valse positieven te verminderen en de beveiliging efficiënter te maken.

2. **Creativiteit en aanpassingsvermogen**: Terwijl AI goed is in het herkennen van patronen en het uitvoeren van vooraf geprogrammeerde taken, missen machines de creativiteit en het aanpassingsvermogen van mensen. Cybercriminelen gebruiken vaak onconventionele methoden om beveiligingssystemen te omzeilen. Mensen kunnen out-of-the-box denken en nieuwe oplossingen bedenken om deze uitdagingen aan te pakken, terwijl AI zich beperkt tot de gegevens waarmee het is getraind.

   Voorbeeld: In een aanval waarin een hacker gebruikmaakt van ongebruikelijke combinaties van zwakke punten in verschillende systemen, kan AI moeite hebben om deze complexe aanval te begrijpen. Een menselijke analist daarentegen kan deze situatie snel evalueren en strategieën bedenken om de aanval te stoppen.

3. **Het probleem van valse positieven en negatieve gevolgen**: AI-systemen kunnen grote hoeveelheden valse positieven genereren. Deze waarschu-wingen kunnen waardevolle tijd van analisten verspillen en leiden tot "waarschuwing-moeheid", waarbij beveiligingsmedewerkers minder aan-dacht besteden aan waarschuwingen omdat ze vaak onschadelijk blijken te zijn. Dit maakt de samenwerking tussen mens en AI van cruciaal belang: mensen kunnen context en nuance bieden die machines missen, en ze kunnen beslissen wanneer actie moet worden ondernomen en wanneer niet.

   Voorbeeld: Een AI-systeem dat netwerkverkeer scant, detecteert abnor-male activiteit in een extern project van een onderneming en geeft een waarschuwing af. Na analyse door een menselijke expert blijkt het verkeer echter geen bedreiging te vormen, maar verband te houden met een legitiem, maar ongebruikelijk onderzoeksproject.

Het Belang van Menselijke Intuïtie

Menselijke intuïtie en ervaring spelen een belangrijke rol in cybersecurity, vooral bij het identificeren van subtiele bedreigingen die machines over het hoofd kunnen zien. Er zijn situaties waarin een menselijk oog vereist is om kleine afwijkingen op te merken of om een onderbuikgevoel te volgen dat AI niet kan repliceren. Cybersecurity is vaak een spel van strategie en psychologie, waarbij aanvallers proberen hun activiteiten te verbergen of af te schermen achter ogenschijnlijk onschuldige acties.

1. **Patroonherkenning en anomalieën**: Hoewel AI zeer goed is in het herkennen van vooraf bepaalde patronen, kan menselijke intuïtie vaak subtielere anomalieën herkennen die voor AI niet direct zichtbaar zijn. Cybercriminelen proberen vaak hun gedrag zo te maskeren dat het lijkt op legitiem gedrag, maar ervaren menselijke analisten kunnen bepaalde nuances of onregelmatigheden herkennen die AI-systemen missen.

   Voorbeeld: Een cyberanalist merkt een kleine afwijking op in de inlogtijden van een bepaalde gebruiker. Hoewel de AI dit gedrag als binnen de normale parameters zou beschouwen, vermoedt de analist dat deze afwijking mogelijk een vroege indicatie is van een inbraakpoging. Dit leidt tot een diepere analyse en uiteindelijk tot de ontdekking van een veel grotere aanval.

2. **Psychologie en menselijk gedrag**: Cyberaanvallers proberen vaak de menselijke factor te benutten in hun aanvallen door middel van social engineering, waarbij ze mensen manipuleren om kwaadaardige acties te ondernemen. Menselijke beveiligingsanalisten kunnen de menselijke psychologie beter begrijpen en deze aanvallen sneller herkennen. Dit is iets dat AI, zonder de context van menselijke emoties en motieven, moeilijk kan evenaren.

   Voorbeeld: Een werknemer ontvangt een phishing-e-mail die lijkt te zijn verzonden door een leidinggevende, waarin wordt gevraagd om een dringende betaling te doen. Hoewel een AI-systeem de e-mail misschien niet direct als een bedreiging herkent, herkent een menselijke analist de subtiele tekenen van manipulatie en informeert het slachtoffer voordat er schade wordt aangericht.

3. **Ervaring en creatief denken**: Menselijke ervaring in cybersecurity is onvervangbaar als het gaat om het aanpakken van nieuwe en complexe bedreigingen. Terwijl AI goed is in het uitvoeren van vastgestelde taken en het detecteren van bekende patronen, kunnen mensen zich aanpassen aan nieuwe situaties, alternatieve oplossingen bedenken en creatief omgaan met onbekende bedreigingen.

   Voorbeeld: Wanneer een hacker een ongebruikelijke exploit ontdekt in een bedrijfsnetwerk, kan een ervaren beveiligingsanalist met kennis van vergelijkbare incidenten snel verbanden leggen tussen eerdere aanvallen en de huidige dreiging. Dit inzicht kan leiden tot snelle actie, zoals het nemen van specifieke maatregelen om de aanval te stoppen voordat deze zich verder ontwikkelt.

De Samenwerking tussen Mens en Machine

De grootste kracht van AI en ML komt naar voren wanneer ze samenwerken met menselijke expertise. De combinatie van geavanceerde technologie en menselijke intuïtie leidt tot een hybride model waarin machines de taken kunnen uitvoeren waarvoor ze het beste geschikt zijn, zoals het analyseren van grote hoeveelheden data, en mensen zich kunnen concentreren op taken die creativiteit en kritische denkvaardigheden vereisen. Dit hybride model biedt de beste verdediging tegen geavanceerde cyberaanvallen.

1. **Menselijke supervisie en controle over AI-systemen**: AI-systemen kunnen continu monitoring en analyse uitvoeren, maar ze moeten worden gecontroleerd en begeleid door mensen. Menselijke analisten zijn nodig om te beslissen wanneer waarschuwingen moeten worden opgevolgd, om het systeem bij te sturen wanneer er verkeerde beslissingen worden genomen, en om strategische beslissingen te nemen op basis van de bevindingen van AI.

Voorbeeld: Een AI-systeem detecteert verdachte netwerkactiviteit en waarschuwt het beveiligingsteam. Een menselijke analist onderzoekt de waarschuwing verder en besluit om specifieke delen van het netwerk tijdelijk te isoleren om de impact te minimaliseren. In dit geval werkt AI als een vroeg waarschuwingssysteem, terwijl de menselijke analist de uiteindelijke beslissing neemt over de volgende stappen.

2. **Menselijke creativiteit in het bedenken van nieuwe aanvallen**: Hoewel AI kan helpen bij het voorspellen en detecteren van bekende aanvalspatronen, blijft menselijke creativiteit nodig om te anticiperen op nieuwe en onbekende dreigingen. Beveiligingsexperts moeten voortdurend innovatieve manieren bedenken om potentiële aanvallen voor te zijn en cybercriminelen te slim af te zijn.

   Voorbeeld: Een beveiligingsteam voert een simulatie uit van mogelijke aanvallen en gebruikt menselijke intuïtie om te anticiperen op onconventionele aanvalspaden die door AI moeilijk te voorspellen zijn. Door te denken zoals een aanvaller kan het team kwetsbaarheden blootleggen die eerder niet waren opgemerkt, waardoor ze hun systemen kunnen versterken voordat een echte aanval plaatsvindt.

3. **Aanvullende sterktes van mens en machine**: AI en ML kunnen grote hoeveelheden gegevens analyseren en snel reageren op bedreigingen, terwijl mensen goed zijn in het interpreteren van de resultaten en het nemen van strategische beslissingen. Samen kunnen ze efficiënter werken en een krachtiger verdediging bieden tegen aanvallen. Waar AI bepaalde patronen of anomalieën kan detecteren, kunnen menselijke analisten die inzichten gebruiken om op een meer gerichte en gecontextualiseerde manier te reageren.

   Voorbeeld: Een AI-gestuurd systeem detecteert een piek in ongewoon netwerkverkeer, maar de menselijke analist merkt op dat dit verkeer afkomstig is van een nieuw geïmplementeerde testserver. Na een snelle beoordeling besluit de analist dat het verkeer geen bedreiging vormt, waardoor onnodige verstoringen van de bedrijfsvoering worden voorkomen.

De Uitdagingen van Automatisering en AI in Cybersecurity

Hoewel AI en automatisering veel voordelen bieden, zijn er ook uitdagingen verbonden aan het volledig vertrouwen op technologie zonder menselijke betrokkenheid. AI-systemen kunnen gevoelig zijn voor fouten en aanvallen, en zonder menselijke controle kunnen deze systemen verkeerde beslissingen nemen die schadelijk kunnen zijn voor de organisatie.

1. **Fouten in AI-modellen**: AI-modellen kunnen foutieve conclusies trekken als ze worden getraind op onvolledige of incorrecte gegevens. Dit kan leiden tot onjuiste waarschuwingen of, erger nog, het missen van een daadwerkelijke dreiging. Menselijke analisten zijn nodig om de resultaten van AI te beoordelen en om ervoor te zorgen dat het systeem goed werkt.

   Voorbeeld: Een AI-model dat verantwoordelijk is voor het detecteren van phishing-e-mails, krijgt onvolledige gegevens als trainingsmateriaal. Als gevolg hiervan markeert het ten onrechte legitieme e-mails als kwaadaardig, wat leidt tot verstoring van de communicatie binnen de organisatie. Een menselijke analist moet het model herzien en corrigeren om ervoor te zorgen dat het nauwkeuriger functioneert.

2. **Black box-problemen**: Veel AI-systemen, vooral die gebaseerd op deep learning, fungeren als "black boxes", wat betekent dat de beslissingen die ze nemen niet altijd gemakkelijk te verklaren zijn. Dit gebrek aan transparantie kan een uitdaging vormen voor menselijke analisten die proberen de redenen achter bepaalde waarschuwingen of acties te begrijpen.

   Voorbeeld: Een deep learning-model detecteert een aanval en blokkeert de toegang tot een deel van het netwerk. Echter, wanneer de menselijke analisten proberen te achterhalen waarom deze beslissing is genomen, kunnen ze de exacte oorzaak niet begrijpen vanwege het gebrek aan inzicht in hoe het model zijn conclusie heeft getrokken. Dit kan leiden tot een gebrek aan vertrouwen in de technologie en kan de samenwerking tussen mens en AI bemoeilijken.

3. **Bias in AI-systemen**: Net als mensen kunnen AI-systemen vooroordelen ontwikkelen op basis van de gegevens waarmee ze zijn getraind. Als het

trainingsmateriaal bijvoorbeeld voornamelijk afkomstig is van een speci- fieke sector of regio, kan het model minder effectief zijn in het detecteren van aanvallen die buiten deze context plaatsvinden.

Voorbeeld: Een AI-systeem dat is getraind om ransomware-aanvallen in de financiële sector te detecteren, mist een aanval die gericht is op een gezondheidszorginstelling, omdat de kenmerken van deze aanval niet overeenkomen met wat het model gewend is te herkennen. Menselijke analisten kunnen helpen bij het corrigeren van deze vooroordelen door verschillende soorten bedreigingen te evalueren en AI-systemen breder te trainen.

Training en Educatie voor Beveiligingsprofessionals

Om effectief samen te werken met AI-systemen, is het van vitaal belang dat beveiligingsprofessionals goed worden getraind en op de hoogte blijven van de nieuwste technologieën en trends in AI-gestuurde cybersecurity. Een goed opgeleide menselijke component kan AI-systemen verbeteren en ervoor zorgen dat ze correct worden ingezet.

1. **Continu leren**: Net zoals AI-modellen voortdurend moeten worden bijgewerkt en getraind op nieuwe gegevens, moeten menselijke beveili- gingsexperts voortdurend leren en hun vaardigheden ontwikkelen. De dreigingen van vandaag veranderen snel, en cybersecurityprofessionals moeten zich voortdurend aanpassen aan nieuwe technologieën en aanvalsmethoden.

   Voorbeeld: Beveiligingsanalisten in een groot technologiebedrijf volgen regelmatig trainingen en workshops over AI in cybersecurity. Door te leren hoe AI-algoritmen werken, kunnen ze effectiever samenwerken met de systemen en beter begrijpen hoe ze anomalieën moeten interpreteren en dreigingen moeten aanpakken.

2. **Ethiek en besluitvorming in AI**: Beveiligingsprofessionals moeten ook worden getraind in de ethische implicaties van het gebruik van AI in

cybersecurity. Dit omvat het begrijpen van de risico's van foutieve beslissingen door AI, en het waarborgen dat menselijke betrokkenheid altijd aanwezig blijft bij het nemen van belangrijke beslissingen over beveiliging.

Voorbeeld: Een beveiligingsteam neemt deel aan een ethiekcursus over het gebruik van AI, waarin ze leren hoe ze ervoor kunnen zorgen dat beslissingen over toegang tot gevoelige gegevens altijd door een menselijke supervisor worden gecontroleerd, zodat er geen ongewenste of onbedoelde gevolgen zijn.

De Toekomst van Mens en Machine in Cybersecurity

De toekomst van cybersecurity ligt in de samenwerking tussen mens en machine. Naarmate AI en ML-technologieën zich verder ontwikkelen, zullen ze steeds meer verantwoordelijkheden kunnen overnemen, zoals het uitvoeren van geautoma-tiseerde detectie, reactie en herstel. Toch blijft menselijke intuïtie, ervaring en creativiteit van onschatbare waarde in het aanpakken van complexe en onvoor-spelbare bedreigingen.

In de toekomst zullen we waarschijnlijk steeds meer hybride systemen zien waarin AI en mensen nauw samenwerken om cyberdreigingen te bestrijden. AI zal het zware werk van dataverwerking en patroonherkenning blijven doen, terwijl mensen de strategische beslissingen nemen en het systeem bijsturen wanneer dat nodig is. Deze samenwerking zal essentieel zijn om de steeds geavanceerdere cyber-dreigingen het hoofd te bieden.

De Essentiële Rol van de Mens in Cybersecurity

Hoewel AI en ML krachtige technologieën zijn die een belangrijke rol spelen in het detecteren en bestrijden van cyberdreigingen, blijft de menselijke factor een onmisbaar element in de verdediging van netwerken en systemen. De samenwerking tussen mens en machine biedt de beste resultaten, waarbij AI taken uitvoert die de menselijke capaciteit overstijgen, terwijl mensen creatief, strategisch en flexibel reageren op complexe en onvoorspelbare situaties.

De toekomst van cybersecurity ligt in deze samenwerking, waarbij zowel de technologie als de menselijke expertise worden benut om de steeds veranderende cyberdreigingen het hoofd te bieden.

Geavanceerde Persistentie Bedreigingen (APT's)

In de complexe wereld van cyberaanvallen zijn sommige dreigingen subtieler en gevaarlijker dan anderen. Een van de meest verontrustende vormen van cyberaanvallen zijn de **Geavanceerde Persistentie Bedreigingen** (APT's). APT's zijn niet zomaar aanvallen die snel toeslaan en zich terugtrekken; in plaats daarvan zijn het langdurige, goed geplande en subtiele aanvallen waarbij hackers vaak maanden of zelfs jaren in de netwerken van hun doelwit kunnen blijven zonder opgemerkt te worden.

In dit hoofdstuk onderzoeken we wat APT's zijn, hoe ze werken en hoe aanvallers, vaak door het gebruik van kunstmatige intelligentie (AI), hun aanwezigheid kunnen verbergen om ongehinderd toegang te krijgen tot de meest gevoelige informatie van bedrijven. We zullen ook voorbeelden geven van hoe bedrijven zijn geïnfiltreerd zonder dat ze het wisten, en hoe AI door zowel aanvallers als verdedigers kan worden gebruikt om deze aanvallen te detecteren en te stoppen.

Wat zijn Geavanceerde Persistentie Bedreigingen (APT's)?

Een **Geavanceerde Persistentie Bedreiging** (APT) is een langdurige, gerichte aanval op een netwerk waarbij cybercriminelen zich in een systeem vestigen en gedurende langere tijd ongehinderd opereren. Het doel van een APT is niet om direct schade aan te richten, zoals bij ransomware-aanvallen of datalekken, maar om op de achtergrond te blijven en zoveel mogelijk gevoelige informatie te verzamelen of te spioneren. Dit kan variëren van intellectueel eigendom tot bedrijfsgeheimen, en van staatsgeheimen tot klantgegevens.

Een APT-aanval is anders dan traditionele aanvallen om verschillende redenen:

1. **Doelgericht**: APT's zijn meestal gericht op specifieke organisaties, vaak met een groot strategisch belang zoals overheden, multinationals, of belangrijke infrastructuren zoals energiebedrijven of ziekenhuizen.
2. **Langdurig**: In plaats van snel schade aan te richten, blijven APT-aanvallers vaak maanden of jaren in een systeem zonder gedetecteerd te

worden. Ze gebruiken geavanceerde technieken om zichzelf te verbergen en blijven zo lang mogelijk in het systeem om hun doelstellingen te bereiken.

3. **Meerdere stadia**: APT-aanvallen verlopen in verschillende stadia. Dit omvat vaak een initiële inbraak, het opzetten van backdoors, het verzamelen van gegevens en het exfiltreren van informatie. De aanvallers zijn bereid om geduldig te zijn en hun aanval in verschillende fases uit te voeren om zo veel mogelijk onopgemerkt te blijven.

4. **Hoge mate van stealth**: APT-aanvallers gebruiken geavanceerde technieken om hun aanwezigheid te verbergen. Dit kan inhouden dat ze specifieke malware gebruiken die zich aanpast aan de omgeving waarin het zich bevindt, zich verbergt in legitieme processen, of slechts op bepaalde tijden actief is om detectie te voorkomen.

De Fasen van een APT-aanval

APT-aanvallen verlopen meestal in verschillende fasen, waarbij elke fase is ontworpen om de toegang van de aanvallers te consolideren en hun activiteiten verborgen te houden.

1. **Fase 1: Inbraak (Initial Entry)**: De eerste stap in een APT-aanval is het binnendringen van het netwerk van de doelorganisatie. Dit kan gebeuren via phishing, exploits van kwetsbaarheden in software, of door brute force-aanvallen op slecht beveiligde systemen. Vaak worden doelgerichte phishing-e-mails gebruikt, waarin aanvallers zich voordoen als betrouwbare personen of organisaties om de ontvanger te misleiden en toegang te krijgen tot interne netwerken.

   Voorbeeld: Een medewerker van een groot advocatenkantoor ontvangt een phishing-e-mail die afkomstig lijkt van een klant. De e-mail bevat een kwaadaardige bijlage die malware installeert zodra deze wordt geopend. Deze malware biedt de aanvaller een voet tussen de deur in het netwerk van het advocatenkantoor.

2. **Fase 2: Verkennen (Reconnaissance)**: Nadat de aanvaller toegang heeft gekregen tot het netwerk, begint de verkenningsfase. In deze fase proberen de aanvallers het netwerk en de systemen van het doelwit te begrijpen. Ze identificeren de kritieke systemen en gegevens die van belang zijn, zoals servers, databases, en beveiligingssystemen.

   Voorbeeld: Nadat de aanvaller toegang heeft gekregen tot het netwerk van een groot advocatenkantoor, begint hij het interne netwerk in kaart te brengen. Hij zoekt naar gevoelige gegevens, zoals vertrouwelijke documenten van klanten en interne communicatie, zonder dat hij meteen actie onderneemt.

3. **Fase 3: Vestigen (Establish Foothold)**: In deze fase vestigen de aanvallers hun aanwezigheid door backdoors in het systeem op te zetten. Dit zorgt ervoor dat ze toegang kunnen behouden, zelfs als hun initiële aanvalspad wordt ontdekt en geblokkeerd. Ze kunnen ook verschillende vormen van malware installeren die hen toegang biedt tot andere delen van het netwerk.

   Voorbeeld: De aanvaller installeert een backdoor op de computers van het advocatenkantoor, die is verborgen in een legitiem lijkend proces. Zelfs als de IT-afdeling verdachte activiteit opmerkt en de oorspronkelijke malware verwijdert, blijft de backdoor actief en biedt de aanvaller voortdurende toegang.

4. **Fase 4: Uitbreiden (Lateral Movement)**: Zodra de aanvallers zich in het netwerk hebben gevestigd, breiden ze hun toegang uit naar andere systemen. Dit wordt vaak gedaan door inloggegevens te stelen en zich voor te doen als legitieme gebruikers om zo toegang te krijgen tot meer kritieke systemen. Dit stelt de aanvallers in staat om gevoelige informatie te benaderen zonder opgemerkt te worden.

   Voorbeeld: De aanvaller krijgt toegang tot de inloggegevens van een systeembeheerder, wat hem de mogelijkheid biedt om toegang te krijgen tot vertrouwelijke juridische dossiers en e-mails van belangrijke klanten.

5. **Fase 5: Exfiltreren van Gegevens (Data Exfiltration)**: In deze fase verzamelen de aanvallers de gegevens die ze willen stelen en beginnen ze

deze uit het netwerk van de organisatie te halen. Dit gebeurt vaak op een zeer subtiele manier om niet opgemerkt te worden. Ze kunnen kleine hoeveelheden gegevens tegelijkertijd extraheren, zodat het lijkt alsof het om normaal netwerkverkeer gaat.

Voorbeeld: De aanvaller begint gevoelige documenten over fusies en overnames uit de database van het advocatenkantoor te extraheren. Hij stuurt deze gegevens in kleine hoeveelheden naar een externe server om de aandacht van de beveiligingsteams niet te trekken.

6. **Fase 6: Blijven (Persistence)**: Een van de belangrijkste kenmerken van een APT is dat de aanvallers, zelfs nadat ze hun doel hebben bereikt, vaak in het systeem blijven. Ze gebruiken stealth-technieken om hun aanwezigheid te verbergen en kunnen maanden of zelfs jaren in het systeem blijven om aanvullende informatie te verzamelen of om de controle over kritieke systemen te behouden voor toekomstige aanvallen.

Voorbeeld: De aanvaller blijft toegang houden tot het netwerk van het advocatenkantoor, zelfs nadat hij zijn oorspronkelijke doel (het stelen van fusie-informatie) heeft bereikt. Hij blijft in het systeem aanwezig, klaar om opnieuw toe te slaan zodra er nieuwe vertrouwelijke informatie beschikbaar komt.

De Rol van AI in APT-aanvallen

AI heeft een belangrijke rol gespeeld in de evolutie van APT-aanvallen. Aanvallers kunnen AI gebruiken om hun aanvallen te automatiseren, zich aan te passen aan veranderende omstandigheden in het netwerk, en detectie door beveiligings- systemen te vermijden. Hier zijn enkele van de manieren waarop AI wordt ingezet door APT-aanvallers.

1. **Automatiseren van verkenning en netwerkverkenning**: AI kan worden gebruikt om de verkenningsfase van een APT-aanval te automatiseren. In plaats van handmatig het netwerk te verkennen en kritieke systemen te identificeren, kunnen AI-modellen enorme hoeveelheden netwerk-

gegevens analyseren om zwakke punten en kwetsbare systemen te identificeren. Dit stelt aanvallers in staat om sneller toegang te krijgen tot gevoelige informatie.

Voorbeeld: Een AI-aangedreven malware kan het netwerk van een multinational scannen en automatisch zwakke punten in de beveiliging identificeren. Het systeem kan bepalen welke servers slecht beveiligd zijn of welke gebruikersaccounts kwetsbaar zijn voor aanvallen, zonder menselijke tussenkomst.

2. **Stealth-technieken door aanpassing aan verdediging**: APT-aanvallers kunnen AI gebruiken om zich aan te passen aan de beveiligingsmaatregelen van het doelwit. AI-algoritmen kunnen het gedrag van beveiligingssystemen leren en hun eigen gedrag aanpassen om detectie te vermijden. Dit maakt het veel moeilijker voor traditionele beveiligingssystemen om deze aanvallen te identificeren.

   Voorbeeld: AI-gestuurde malware kan detecteren wanneer een beveiligingssysteem begint met een netwerkcontrole of scan. Het past zijn activiteit automatisch aan om minder verkeer te genereren en vermijdt zo de aandacht van het beveiligingsteam. Zodra de scan is voltooid, hervat de malware zijn normale activiteiten.

3. **Gebruik van AI voor automatische aanvalspaden**: AI kan helpen bij het berekenen van de meest efficiënte aanvalspaden in een netwerk. Door gegevens te analyseren over de topologie van het netwerk, kan AI de beste route bepalen om toegang te krijgen tot gevoelige gegevens zonder opgemerkt te worden. Dit maakt het voor aanvallers mogelijk om snel en effectief toegang te krijgen tot waardevolle informatie.

   Voorbeeld: Een aanvaller gebruikt AI om de netwerkstructuur van een overheidsinstantie in kaart te brengen. De AI bepaalt dat de snelste manier om toegang te krijgen tot gevoelige documenten via een slecht beveiligde printerserver is. De aanvaller gebruikt dit pad om ongemerkt de belangrijkste systemen van de organisatie binnen te dringen.

4. **Polymorfe malware**: Polymorfe malware verandert voortdurend van vorm om detectie door antivirusprogramma's en andere beveiligingssystemen te voorkomen. Met AI kunnen aanvallers malware ontwikkelen die zichzelf automatisch aanpast aan de omgeving waarin het zich bevindt, waardoor het veel moeilijker wordt om te detecteren en te blokkeren.

   Voorbeeld: Een AI-gestuurd malwareprogramma wijzigt zijn code elke keer dat het zichzelf uitvoert. Hierdoor herkennen beveiligingssystemen de malware niet, zelfs niet als deze zich al meerdere keren in het netwerk heeft verspreid. Dit geeft de aanvallers de mogelijkheid om langdurig in het systeem te blijven zonder ontdekt te worden.

Voorbeelden van Bedrijfsinfiltraties door APT's

APT-aanvallen hebben vaak verwoestende gevolgen voor organisaties die zich niet bewust zijn van de voortdurende infiltratie in hun systemen. In sommige gevallen kunnen aanvallers jarenlang toegang houden tot kritieke gegevens zonder dat de getroffen organisatie het weet. Hieronder volgen enkele voorbeelden van hoe bedrijven zijn geïnfiltreerd door APT's en hoe AI een rol speelde in deze aanvallen.

1. **APT1 (China's People's Liberation Army Unit 61398)**: Een van de beroemdste APT-groepen is APT1, die wordt gelinkt aan de Chinese militaire eenheid 61398. APT1 was verantwoordelijk voor het stelen van intellectueel eigendom van honderden bedrijven, voornamelijk in de VS, en had vaak jarenlang toegang tot de systemen van zijn doelwitten zonder dat dit werd opgemerkt. Ze gebruikten geavanceerde technieken, waar-onder AI-gestuurde malware, om gegevens te stelen van sectoren zoals lucht- en ruimtevaart, energie en technologie.

   Voorbeeld: Een groot Amerikaans luchtvaartbedrijf werd jarenlang door APT1 geïnfiltreerd. De aanvallers hadden toegang tot interne documenten over nieuwe vliegtuigontwerpen en gestolen blauwdrukken. Door zich te vermommen als legitieme gebruikers in het netwerk, slaagden ze erin om lange tijd onopgemerkt te blijven.

2. **The SolarWinds Hack (2020)**: De SolarWinds-hack is een van de meest omvangrijke en verwoestende APT-aanvallen van de afgelopen jaren. De hackers wisten de softwareleverancier SolarWinds te infiltreren en malware te injecteren in hun Orion-software. Deze malware werd vervolgens verspreid naar duizenden klanten van SolarWinds, waaronder de Amerikaanse overheid en grote bedrijven. De aanvallers hadden maandenlang toegang tot gevoelige systemen zonder dat dit werd ontdekt.

   Voorbeeld: Nadat de aanvallers de Orion-software van SolarWinds hadden geïnfecteerd, slaagden ze erin om toegang te krijgen tot de netwerken van verschillende overheidsinstanties. Dankzij hun stealth-technieken, waaronder het gebruik van legitiem netwerkverkeer om gegevens te exfiltreren, konden de aanvallers maandenlang ongestoord informatie verzamelen.

3. **APT28 (Fancy Bear)**: APT28, ook wel bekend als Fancy Bear, is een Russische cybercrimegroep die wordt geassocieerd met verschillende spionageactiviteiten, waaronder de hack van het Democratic National Committee (DNC) in 2016. Fancy Bear staat bekend om het gebruik van geavanceerde technieken, waaronder AI-gestuurde verkenning en infiltratie, om lange tijd toegang te behouden tot hun doelwitten.

   Voorbeeld: Bij de DNC-hack gebruikten de aanvallers phishingcampagnes om toegang te krijgen tot de e-mailaccounts van medewerkers. Nadat ze binnen waren, installeerden ze backdoors en verspreidden ze zich naar andere delen van het netwerk. Ze gebruikten AI-gestuurde tools om de gegevensverzameling te automatiseren en onopgemerkt te blijven terwijl ze gevoelige informatie stalen.

De Verdediging tegen APT's: AI als Tegenmaatregel

Hoewel AI een krachtig wapen is in de handen van aanvallers, kan het ook worden gebruikt door verdedigers om APT-aanvallen te detecteren en te stoppen. AI en machine-learning bieden cybersecurity-experts geavanceerde tools om verdachte activiteiten op te sporen, patronen te herkennen en snel te reageren op bedreigingen. Hier zijn enkele manieren waarop AI kan helpen bij het verdedigen tegen APT's:

1. **Gedragsanalyse en anomaliedetectie**: AI kan worden gebruikt om normaal netwerkgedrag te leren en afwijkingen te detecteren die kunnen wijzen op een APT-aanval. In plaats van alleen te vertrouwen op bekende handtekeningen van malware, kan AI leren wat normaal is voor een systeem en waarschuwen wanneer er ongebruikelijke activiteiten plaatsvinden, zoals ongebruikelijke netwerkverzoeken of verdachte login-pogingen.

   Voorbeeld: Een AI-gestuurd beveiligingssysteem detecteert dat een medewerker op ongebruikelijke tijdstippen inlogt op gevoelige servers. Hoewel de aanval niet overeenkomt met bekende malwarepatronen, herkent het systeem het afwijkende gedrag en waarschuwt het beveiligingsteam, wat leidt tot de ontdekking van een APT-aanval.

2. **Netwerksegmentatie en micro-segmentatie**: AI kan helpen bij het implementeren van geavanceerde netwerksegmentatie, waarbij verschillende delen van een netwerk worden gescheiden om te voorkomen dat een APT-aanval zich snel kan verspreiden. AI kan dynamisch de toegang tot verschillende delen van het netwerk beheren, afhankelijk van het gedrag van gebruikers en systemen.

   Voorbeeld: In een grote multinational wordt AI gebruikt om toegang tot gevoelige delen van het netwerk dynamisch te beheren. Zodra de AI afwijkend gedrag detecteert in het verkeer naar een kritieke server, wordt het betreffende segment automatisch afgesloten van de rest van het netwerk, waardoor de aanval wordt geïsoleerd.

3. **Voorspellende analyse**: AI kan worden gebruikt om voorspellingen te doen over opkomende APT-aanvallen door dreigingsinformatie van verschillende bronnen te analyseren. Dit stelt organisaties in staat om proactieve maatregelen te nemen voordat een aanval plaatsvindt.

   Voorbeeld: Een AI-systeem analyseert dreigingsinformatie van verschillende bronnen en herkent een toename van aanvallen gericht op de energiesector. Het systeem waarschuwt de beveiligingsteams van verschillende nutsbedrijven om hun beveiligingsmaatregelen aan te scherpen en potentiële APT-aanvallen te voorkomen.

4. **Automatische incidentrespons en herstel**: AI kan worden gebruikt om geautomatiseerde incidentrespons te bieden, waarbij dreigingen onmiddellijk worden geïdentificeerd en geneutraliseerd. In plaats van te wachten op menselijke interventie, kan AI in real-time reageren op APT-aanvallen en geïnfecteerde systemen in quarantaine plaatsen.

Voorbeeld: Een AI-systeem detecteert een APT-aanval waarbij gevoelige gegevens van een bedrijf worden geëxfiltreerd. Het systeem plaatst onmiddellijk de geïnfecteerde systemen in quarantaine, stopt de exfiltratie en start een automatisch herstelproces door recente back-ups van de versleutelde bestanden te herstellen.

De Toekomst van APT's en AI in Cyberaanvallen

Geavanceerde Persistentie Bedreigingen blijven een van de meest complexe en verwoestende vormen van cyberaanvallen. APT-aanvallers maken gebruik van stealth-technieken en geavanceerde technologieën om lange tijd onopgemerkt te blijven in de netwerken van hun doelwitten. AI heeft hun mogelijkheden verder versterkt door hen in staat te stellen om hun aanvallen te automatiseren, aan te passen en verborgen te houden.

Tegelijkertijd biedt AI verdedigers krachtige nieuwe tools om APT-aanvallen te detecteren, te neutraliseren en te voorkomen. AI-aangedreven beveiligingssystemen kunnen helpen bij het analyseren van netwerkverkeer, het herkennen van anomalieën en het snel reageren op bedreigingen, waardoor de schade van een APT-aanval wordt geminimaliseerd.

In de toekomst zal de strijd tussen aanvallers en verdedigers zich blijven ontwikkelen, waarbij beide partijen steeds geavanceerdere AI-technologieën inzetten om elkaar te slim af te zijn. Bedrijven en organisaties moeten zich blijven aanpassen aan deze dynamische dreigingsomgeving en AI integreren in hun beveiligingsstrategie om voorbereid te zijn op de geavanceerde aanvallen van morgen.

Slimme Beveiliging

De opkomst van kunstmatige intelligentie (AI) en machine-learning (ML) heeft de manier waarop we over beveiliging denken drastisch veranderd. Waar traditionele beveiligingssystemen afhankelijk waren van vooraf gedefinieerde regels, handtekeningen van malware en menselijke interventie, bieden AI-gestuurde beveiligingssystemen een geheel nieuw niveau van bescherming. Deze systemen zijn niet alleen in staat om bedreigingen in real-time te detecteren, maar kunnen ook leren van elke aanval en zichzelf verbeteren om zich te beschermen tegen toekomstige bedreigingen. Dit concept van "slimme beveiliging" is gebaseerd op de kracht van ML-modellen die voortdurend evolueren en zich aanpassen aan nieuwe bedreigingen.

In dit hoofdstuk onderzoeken we hoe AI-gestuurde beveiligingssystemen werken, hoe ML-modellen worden gebruikt om zichzelf te versterken, en hoe slimme beveiliging een revolutie teweegbrengt in de manier waarop organisaties hun netwerken en systemen beschermen. We zullen kijken naar verschillende technieken die slimme beveiligingssystemen gebruiken, de voordelen van zelflerende modellen, en hoe bedrijven AI en ML implementeren om zichzelf beter te beschermen tegen geavanceerde cyberaanvallen.

Wat is Slimme Beveiliging?

Slimme beveiliging verwijst naar AI- en ML-gestuurde beveiligingssystemen die in staat zijn om bedreigingen te detecteren, zich aan te passen aan nieuwe aanvallen, en zichzelf te verbeteren door te leren van eerdere incidenten. In tegenstelling tot traditionele beveiligingssystemen, die sterk afhankelijk zijn van vaste regels en handmatige updates, kunnen slimme beveiligingssystemen patronen herkennen die niet eerder zijn waargenomen en reageren op bedreigingen in real-time.

De kern van slimme beveiliging is het vermogen van ML-modellen om zichzelf te trainen en bij te werken op basis van nieuwe gegevens. Dit betekent dat elk beveiligingsincident, elke aanval en elke poging tot inbraak een kans biedt voor het systeem om te leren en beter voorbereid te zijn op toekomstige dreigingen.

Belangrijke kenmerken van slimme beveiliging:

1. **Zelflerende modellen**: Slimme beveiligingssystemen maken gebruik van ML-modellen die voortdurend worden bijgewerkt op basis van nieuwe gegevens en aanvallen. Dit zorgt ervoor dat het systeem altijd up-to-date is met de nieuwste bedreigingen en aanvallen kan detecteren die niet eerder zijn gezien.

2. **Real-time detectie en reactie**: In plaats van te vertrouwen op periodieke scans of menselijke tussenkomst, kunnen slimme beveiligingssystemen bedreigingen in real-time detecteren en automatisch actie ondernemen. Dit minimaliseert de reactietijd en beperkt de schade die een aanval kan aanrichten.

3. **Adaptief leren**: Slimme beveiligingssystemen kunnen zich aanpassen aan nieuwe omstandigheden en aanvallen. Dit betekent dat zelfs als een aanvaller zijn technieken wijzigt, het beveiligingssysteem kan blijven leren en reageren.

4. **Geautomatiseerde incidentrespons**: Slimme beveiligingssystemen zijn in staat om automatisch te reageren op incidenten zonder menselijke tussenkomst. Dit kan variëren van het isoleren van geïnfecteerde systemen tot het herstellen van back-ups na een aanval.

Hoe Machine-learning Modellen Werken in Slimme Beveiliging

Het hart van slimme beveiligingssystemen wordt gevormd door machine-learning modellen. Deze modellen zijn verantwoordelijk voor het leren van patronen in netwerkverkeer, gebruikersgedrag en andere gegevens om bedreigingen te detecteren en erop te reageren. Laten we eens kijken hoe deze modellen werken en hoe ze zichzelf versterken tegen toekomstige bedreigingen.

1. **Data-invoer en voorbewerking**: ML-modellen in slimme beveiliging zijn afhankelijk van enorme hoeveelheden data. Deze data kan bestaan uit netwerkverkeer, inloggegevens, systeemactiviteiten en andere gebeurtenissen die zich binnen een netwerk afspelen. De eerste stap in het proces is

het verzamelen en voorbewerken van deze data, zodat het model de gegevens kan analyseren. Voorbewerking omvat het normaliseren van gegevens, het verwijderen van ruis en het identificeren van relevante kenmerken die kunnen wijzen op een dreiging.

Voorbeeld: In een groot bedrijf verzamelt het slimme beveiligingssysteem gegevens van alle gebruikersactiviteit, waaronder de tijdstippen van inloggen, de programma's die worden gebruikt, en de netwerkverzoeken die worden verstuurd. Deze gegevens worden vervolgens geanalyseerd om afwijkingen te detecteren die kunnen wijzen op een mogelijke aanval.

2. **Training van het model**: Nadat de gegevens zijn verzameld en voorbereid, wordt het ML-model getraind op deze gegevens. Tijdens deze trainingsfase leert het model de patronen te herkennen die wijzen op normale en abnormale activiteiten. Het model kan bijvoorbeeld leren dat bepaalde netwerkverzoeken normaal zijn, terwijl andere verzoeken wijzen op een mogelijke inbraakpoging.

   Voorbeeld: Het beveiligingssysteem leert dat werknemers meestal tussen 9:00 en 17:00 uur inloggen, en dat grote hoeveelheden gegevensoverdracht buiten deze uren ongebruikelijk zijn. Als het systeem merkt dat een werknemer om 3:00 uur 's nachts een groot aantal documenten downloadt, kan dit worden gemarkeerd als verdacht gedrag.

3. **Detectie van bedreigingen**: Zodra het model is getraind, kan het in real-time bedreigingen detecteren door nieuwe gegevens te vergelijken met de patronen die het heeft geleerd tijdens de trainingsfase. Dit betekent dat het systeem voortdurend het netwerkverkeer analyseert, gebruikersgedrag in de gaten houdt en waarschuwingen genereert wanneer het abnormale activiteiten detecteert.

   Voorbeeld: Het beveiligingssysteem detecteert dat een externe partij probeert om ongeoorloofde toegang te krijgen tot een interne server door gebruik te maken van brute force-aanvallen. Het systeem merkt op dat dit gedrag afwijkt van normaal netwerkverkeer en genereert onmiddellijk een waarschuwing.

4. **Zelfverbetering en adaptief leren**: Een van de belangrijkste voordelen van ML-modellen in slimme beveiliging is dat ze zichzelf voortdurend verbeteren. Wanneer een aanval plaatsvindt, kan het systeem leren van de aanval en zijn detectiealgoritmen aanpassen om toekomstige aanvallen sneller en nauwkeuriger te identificeren. Dit adaptieve leerproces zorgt ervoor dat het systeem steeds beter wordt in het herkennen van nieuwe dreigingen.

   Voorbeeld: Na een phishing-aanval waarbij een gebruiker een kwaadaardige link heeft geopend, analyseert het beveiligingssysteem de kenmerken van de e-mail, zoals de afzender, de inhoud en de gebruikte links. Deze informatie wordt gebruikt om toekomstige phishing-aanvallen te identificeren en te blokkeren voordat ze schade kunnen aanrichten.

5. **Voorspellende analyse**: Slimme beveiligingssystemen kunnen ook gebruikmaken van voorspellende analyse om te anticiperen op toekomstige aanvallen. Door eerdere aanvallen en bedreigingen te analyseren, kan het systeem patronen identificeren die wijzen op een opkomende dreiging, zelfs voordat deze zich volledig heeft ontwikkeld.

   Voorbeeld: Het beveiligingssysteem van een groot bedrijf analyseert gegevens van eerdere aanvallen en ontdekt dat er een toename is van phishing-pogingen gericht op financiële afdelingen. Op basis van deze analyse kan het systeem proactieve maatregelen nemen, zoals het verhogen van de beveiliging van de financiële afdeling en het uitvoeren van aanvullende trainingssessies voor werknemers.

Voordelen van Zelflerende Beveiligingssystemen

De voordelen van slimme beveiliging en zelflerende modellen zijn talrijk. In een wereld waarin cyberaanvallen steeds geavanceerder worden, bieden zelflerende beveiligingssystemen bedrijven een cruciaal voordeel door hun vermogen om zich aan te passen en te verbeteren naarmate de dreigingen veranderen.

1. **Snelle detectie en reactie**: Een van de grootste voordelen van zelflerende beveiligingssystemen is hun vermogen om snel te reageren op bedreigingen. Omdat deze systemen voortdurend gegevens analyseren en leren van nieuwe aanvallen, kunnen ze onmiddellijk actie ondernemen wanneer ze een aanval detecteren. Dit minimaliseert de tijd tussen het moment waarop een aanval plaatsvindt en de reactie, waardoor de schade wordt beperkt.

    Voorbeeld: In een overheidsinstelling detecteert het slimme beveiligingssysteem binnen enkele seconden een ransomware-aanval die is begonnen met het versleutelen van bestanden op een kritieke server. Het systeem onderneemt onmiddellijk actie door de geïnfecteerde systemen in quarantaine te plaatsen en herstelprocedures te starten, waardoor de verspreiding van de ransomware wordt gestopt.

2. **Voortdurende verbetering**: Traditionele beveiligingssystemen zijn afhankelijk van updates en patches om op de hoogte te blijven van de nieuwste bedreigingen. Slimme beveiligingssystemen daarentegen verbeteren zichzelf voortdurend door te leren van nieuwe aanvallen. Dit betekent dat elk beveiligingsincident een kans is voor het systeem om beter te worden in het herkennen van toekomstige dreigingen.

    Voorbeeld: Na een succesvolle afweer van een brute force-aanval past het systeem zijn algoritmen aan om nog sneller vergelijkbare aanvallen te herkennen en af te weren. Hierdoor wordt het beveiligingssysteem steeds efficiënter naarmate het meer aanvallen afweert.

3. **Aanpasbaarheid aan nieuwe dreigingen**: Een van de belangrijkste uitdagingen in cybersecurity is dat cyberaanvallers voortdurend nieuwe technieken ontwikkelen om beveiligingssystemen te omzeilen. Slimme beveiligingssystemen hebben het voordeel dat ze zich kunnen aanpassen aan nieuwe aanvalstechnieken zonder menselijke tussenkomst. Dit maakt hen bijzonder effectief in een wereld waar dreigingen voortdurend evolueren.

    Voorbeeld: Een slimme firewall detecteert dat een hacker een nieuwe vorm van malware gebruikt die traditionele antivirusprogramma's kan omzeilen. Het slimme beveiligingssysteem past zijn detectiealgoritmen aan om deze nieuwe malwarevariant te herkennen, waardoor het netwerk beschermd blijft tegen de aanval.

4. **Efficiëntie in resourcebeheer**: Slimme beveiligingssystemen kunnen organisaties helpen om hun middelen efficiënter te beheren. Omdat deze systemen bedreigingen kunnen detecteren en automatisch kunnen reageren, is er minder menselijke interventie nodig. Dit stelt beveiligings- teams in staat om zich te concentreren op strategische taken in plaats van voortdurend te reageren op incidenten.

Voorbeeld: Een groot technologiebedrijf gebruikt een AI-gestuurd beveili- gingssysteem om automatisch phishing-aanvallen te detecteren en te blokkeren. Het systeem verwerkt honderden phishing-pogingen per dag zonder dat menselijke tussenkomst nodig is, waardoor het beveiligings- team zich kan richten op meer complexe uitdagingen zoals het versterken van de algehele netwerkbeveiliging.

Voorbeelden van Slimme Beveiligingssystemen in Actie

Slimme beveiligingssystemen worden al in veel organisaties wereldwijd gebruikt om bedreigingen te detecteren, te neutraliseren en te voorkomen. Hieronder volgen enkele voorbeelden van hoe deze systemen in de praktijk worden toegepast.

1. **AI-gestuurde endpointbeveiliging**: Endpointbeveiliging is van cruciaal belang voor organisaties met een groot aantal werknemers die op afstand werken of mobiele apparaten gebruiken. Slimme beveiligingssystemen kunnen worden ingezet om bedreigingen op endpoints zoals laptops, smart- phones en tablets te detecteren en te blokkeren. Deze systemen analyseren voortdurend het gedrag van elk apparaat en kunnen waarschuwen wanneer er verdachte activiteiten plaatsvinden.

Voorbeeld: Een multinationaal bedrijf implementeert een AI-gestuurd endpointbeveiligingssysteem dat voortdurend het gedrag van alle verbon- den apparaten analyseert. Wanneer een werknemer probeert om een verdachte applicatie te installeren die buiten het beleid van het bedrijf valt, blokkeert het systeem de installatie en waarschuwt het beveiligingsteam.

2. **Netwerkbeveiliging met AI**: Grote netwerken genereren enorme hoeveelheden gegevens, wat het moeilijk maakt voor menselijke analisten om elk incident te onderzoeken. Slimme beveiligingssystemen kunnen deze gegevens in real-time analyseren en afwijkend netwerkverkeer detecteren. Door gebruik te maken van ML-modellen kunnen deze systemen snel beslissen welke activiteiten legitiem zijn en welke mogelijk wijzen op een aanval.

   Voorbeeld: Een slimme firewall in een groot ziekenhuis detecteert dat er abnormaal veel gegevens worden verzonden naar een externe server. Omdat dit ongebruikelijk is voor het netwerkverkeer van het ziekenhuis, onderneemt het systeem automatisch actie door de verbinding te verbreken en het beveiligingsteam te waarschuwen.

3. **Geautomatiseerde phishing-detectie**: Phishing is een van de meest voorkomende manieren waarop cybercriminelen toegang krijgen tot gevoelige informatie. Slimme beveiligingssystemen kunnen gebruikmaken van ML-modellen om phishing-pogingen in real-time te detecteren en te blokkeren. Dit kan variëren van het analyseren van de inhoud van e-mails tot het monitoren van verdachte links.

   Voorbeeld: Een bank gebruikt een slimme beveiligingsoplossing om alle inkomende e-mails van medewerkers te scannen op phishing-pogingen. Het systeem analyseert de e-mails op verdachte links, vreemde afzenders en ongebruikelijke taalpatronen. Wanneer een phishing-poging wordt gedetecteerd, wordt de e-mail automatisch in quarantaine geplaatst voordat deze de inbox van de gebruiker bereikt.

4. **Geautomatiseerd herstel na een aanval**: Slimme beveiligingssystemen zijn niet alleen in staat om bedreigingen te detecteren, maar kunnen ook herstelprocedures automatiseren. Dit betekent dat wanneer een aanval plaatsvindt, het systeem onmiddellijk kan reageren door back-ups te herstellen, geïnfecteerde systemen te isoleren en netwerken opnieuw te configureren.

Voorbeeld: Een bedrijf dat slachtoffer wordt van een ransomware-aanval, gebruikt een slim beveiligingssysteem dat onmiddellijk de geïnfecteerde systemen in quarantaine plaatst en begint met het herstellen van back-ups. Binnen enkele minuten zijn de belangrijkste systemen weer operationeel en is de impact van de aanval geminimaliseerd.

Uitdagingen van Slimme Beveiliging en Hoe Deze Kunnen Worden Aangepakt

Hoewel slimme beveiliging veel voordelen biedt, zijn er ook uitdagingen verbonden aan de implementatie van deze technologieën. Organisaties moeten zich bewust zijn van deze uitdagingen en strategieën ontwikkelen om ze aan te pakken.

1. **Datakwaliteit**: ML-modellen zijn afhankelijk van de kwaliteit van de gegevens waarmee ze worden getraind. Als de gegevens onvolledig, verouderd of niet representatief zijn voor de werkelijkheid, kan het model verkeerde conclusies trekken. Organisaties moeten ervoor zorgen dat ze hoogwaardige gegevens verzamelen en dat hun systemen voortdurend worden bijgewerkt met de nieuwste informatie.

   Oplossing: Bedrijven kunnen ervoor zorgen dat hun ML-modellen nauwkeuriger zijn door te investeren in robuuste dataverzamelings-methoden en ervoor te zorgen dat hun beveiligingssystemen toegang hebben tot een breed scala aan actuele gegevensbronnen.

2. **Fouten in ML-modellen**: Hoewel slimme beveiligingssystemen zichzelf voortdurend verbeteren, kunnen ze ook fouten maken. Dit kan leiden tot valse positieven (waarbij legitieme activiteiten als bedreigingen worden gemarkeerd) of valse negatieven (waarbij echte bedreigingen niet worden gedetecteerd).

   Oplossing: Organisaties moeten zorgen voor menselijke supervisie over hun slimme beveiligingssystemen. Hoewel AI en ML kunnen helpen bij het automatiseren van veel taken, moeten beveiligingsprofessionals verantwoordelijk blijven voor het evalueren van de prestaties van deze systemen en het corrigeren van eventuele fouten.

3. **Aanpassing aan nieuwe dreigingen**: Hoewel slimme beveiligings-systemen zich kunnen aanpassen aan nieuwe bedreigingen, kan het enige tijd duren voordat ze zich volledig hebben aangepast aan een nieuwe aanvalstechniek. In deze periode kunnen aanvallers een voorsprong hebben.

    Oplossing: Bedrijven moeten ervoor zorgen dat hun slimme beveiligings-systemen toegang hebben tot de nieuwste dreigingsinformatie en regelmatig worden geüpdatet met nieuwe modellen en detectiemethoden. Het combineren van AI met menselijke expertise kan ook helpen om sneller te reageren op nieuwe dreigingen.

De Toekomst van Slimme Beveiliging

Naarmate cyberdreigingen blijven evolueren, zal slimme beveiliging een steeds grotere rol spelen in de bescherming van netwerken en systemen. De integratie van AI en ML in beveiligingstechnologieën biedt een vooruitstrevende oplossing voor de steeds complexere bedreigingen van vandaag en morgen.

In de toekomst kunnen we verwachten dat slimme beveiligingssystemen steeds autonomer worden, waarbij ze in staat zijn om volledig geautomatiseerde verde-diging, detectie en herstel te bieden zonder menselijke tussenkomst. Daarnaast zullen deze systemen meer samenwerken met andere beveiligingsoplossingen, zoals kwantumbeveiliging en blockchain-technologieën, om een nog hoger beveiligings-niveau te bereiken.

Slimme Beveiliging als Noodzakelijke Stap voor de Toekomst

Slimme beveiliging, aangedreven door AI en ML, is niet langer een futuristische visie, maar een noodzakelijke stap in de moderne cybersecuritystrategie. Naarmate cyberaanvallen steeds geavanceerder worden, biedt slimme beveiliging organisaties een krachtig wapen om aanvallen in real-time te detecteren, te neutraliseren en te voorkomen. De mogelijkheid van deze systemen om te leren van elke aanval en zichzelf te verbeteren, maakt hen bijzonder geschikt voor de dynamische en snel veranderende wereld van cybersecurity.

In een tijd waarin menselijke tussenkomst alleen niet voldoende is om de voortdurend evoluerende bedreigingen te weerstaan, biedt slimme beveiliging een robuuste, flexibele en adaptieve oplossing die bedrijven helpt zich te beschermen tegen de cyberdreigingen van de toekomst.

Deepfakes en Sociale Manipulatie

Met de opkomst van kunstmatige intelligentie (AI) en machine-learning (ML) zijn nieuwe technologieën beschikbaar gekomen die aanzienlijke voordelen bieden op het gebied van innovatie en creativiteit. Tegelijkertijd hebben deze technologieën echter ook geleid tot nieuwe bedreigingen. Een van de meest verontrustende ontwikkelingen in de wereld van cyberaanvallen en sociale manipulatie is de opkomst van **deepfakes**. Deepfakes zijn hyperrealistische, door AI gegenereerde video's, audio of afbeeldingen die moeilijk te onderscheiden zijn van authentiek materiaal. Hackers en cybercriminelen hebben deze technologie omarmd om geavanceerde **social engineering-aanvallen** uit te voeren die zelfs de meest beveiligde organisaties kunnen misleiden.

In dit hoofdstuk onderzoeken we hoe AI wordt gebruikt om deepfakes te creëren, hoe deze technologie wordt toegepast in social engineering-aanvallen, en welke dreiging dit vormt voor de digitale wereld. We bespreken concrete voorbeelden van hoe deepfakes zijn ingezet, hoe bedrijven worden geïnfiltreerd via sociale manipulatie, en welke maatregelen kunnen worden genomen om deze groeiende dreiging tegen te gaan.

Wat Zijn Deepfakes?

Deepfakes zijn digitale vervalsingen die worden gecreëerd met behulp van **deep learning**, een subset van machine-learning. Het woord "deepfake" komt van "deep learning" en "fake", en verwijst naar de techniek waarmee AI realistische video's, afbeeldingen en audio kan maken die bijna niet van echt te onderscheiden zijn. Deze technologie maakt gebruik van **generative adversarial networks** (GAN's) om beelden of geluiden te manipuleren en na te bootsen.

GAN's bestaan uit twee neurale netwerken die tegen elkaar werken: een **generator** en een **discriminator**. De generator probeert een nepafbeelding of -video te maken die zo realistisch mogelijk lijkt, terwijl de discriminator probeert te onderscheiden welke beelden echt zijn en welke zijn gegenereerd door de AI. Na verloop van tijd worden de gegenereerde beelden steeds realistischer naarmate het systeem leert van zijn fouten.

Deepfakes worden vaak geassocieerd met video's waarin het gezicht of de stem van een persoon wordt vervangen door dat van iemand anders. Dit kan worden gebruikt om een publieke figuur of een werknemer van een bedrijf iets te laten zeggen of doen wat in werkelijkheid nooit is gebeurd. In de context van cyberaanvallen vormen deepfakes een nieuw niveau van sociale manipulatie, omdat ze kunnen worden gebruikt om slachtoffers te misleiden door vertrouwen te winnen of misleiding te creëren op een ongekende schaal.

De Evolutie van Social Engineering-aanvallen

Social engineering is altijd een kerncomponent geweest van cyberaanvallen. Het omvat technieken waarmee aanvallers proberen mensen te manipuleren om gevoelige informatie vrij te geven, toegang te verschaffen tot beveiligde systemen of andere handelingen te verrichten die in het voordeel van de aanvaller zijn. Traditionele social engineering-aanvallen waren gericht op phishing-e-mails, telefoongesprekken, of het fysiek manipuleren van werknemers binnen een bedrijf.

Deepfakes hebben social engineering naar een geheel nieuw niveau getild door aanvallers de mogelijkheid te bieden om met visuele en auditieve manipulatie te werken. In plaats van eenvoudige e-mails of telefoontjes kunnen deepfakes realistisch ogende en klinkende video's en audioberichten creëren, waardoor de misleiding nog effectiever wordt.

Social engineering-aanvallen met deepfakes kunnen verschillende vormen aannemen:

1. **CEO-fraude**: Aanvallers kunnen een deepfake-video of -audiobestand maken van een CEO of directeur die een werknemer vraagt om geld over te maken, vertrouwelijke informatie vrij te geven of een urgente opdracht uit te voeren. Omdat de deepfake de stem en het gezicht van de CEO imiteert, is het voor de werknemer moeilijk te geloven dat het verzoek niet legitiem is.

2. **Phishing met deepfakes**: Aanvallers kunnen deepfake-video's of -audio gebruiken in phishing-campagnes. In plaats van traditionele phishing-e-mails, waarbij de aanvaller zich voordoet als een vertrouwde entiteit,

kunnen deepfakes worden gebruikt om bijvoorbeeld een videoboodschap van een bekende persoon te creëren die een link stuurt of vraagt om gevoelige informatie.

3. **Desinformatiecampagnes**: Deepfakes worden ook ingezet voor grootschalige desinformatiecampagnes, waarbij nepvideo's van politici, beroemdheden of publieke figuren worden verspreid om verwarring te zaaien, reputaties te schaden of politieke processen te beïnvloeden.

4. **Valse getuigenissen en bewijsmateriaal**: In rechtszaken of zakelijke geschillen kunnen deepfakes worden gebruikt om valse bewijsmaterialen te creëren, zoals video's waarin een persoon schijnbaar schuld bekent of verantwoordelijk wordt gehouden voor iets wat hij of zij niet heeft gedaan.

Hoe AI Deepfakes Creëert

Het proces van het creëren van een deepfake begint met het verzamelen van bronmateriaal. Voor video's worden vaak beelden en video's van een persoon gebruikt om de AI te trainen, zodat deze in staat is om de gezichtsuitdrukkingen, bewegingen en stem van de persoon nauwkeurig na te bootsen. Hoe meer gegevens beschikbaar zijn voor de training, hoe realistischer de deepfake kan worden.

Het genereren van een deepfake omvat doorgaans de volgende stappen:

1. **Data-acquisitie**: De aanvallers verzamelen zoveel mogelijk beeldmateriaal van het doelwit. Dit kan variëren van afbeeldingen en video's die openbaar beschikbaar zijn, zoals op sociale media, tot meer privébeelden die zijn gestolen via hacks of inbraken in persoonlijke accounts.

2. **Training van het model**: De verzamelde data worden gebruikt om een machine-learning-model te trainen, zoals een GAN. Het model leert de gezichtskenmerken en spraakpatronen van het doelwit na te bootsen door deze beelden te analyseren en te leren hoe ze op een natuurlijke manier kunnen worden gereproduceerd.

3. **Deepfake-generatie**: Zodra het model voldoende is getraind, kan het beginnen met het genereren van de deepfake. Dit kan een video zijn waarin het gezicht van een slachtoffer wordt geplaatst op het lichaam van een

ander, of een video waarin een persoon schijnbaar iets zegt dat hij in werkelijkheid nooit heeft gezegd.

4. **Optimalisatie en verfijning**: De gegenereerde deepfake wordt vervolgens geoptimaliseerd en verfijnd om het zo realistisch mogelijk te maken. Dit kan inhouden dat de mimiek, verlichting, schaduwen en stem van het doelwit worden aangepast om de video overtuigend te laten lijken.

5. **Verspreiding**: De deepfake kan vervolgens worden gebruikt voor social engineering-aanvallen, zoals CEO-fraude of phishing, of worden verspreid op sociale media als onderdeel van een desinformatiecampagne.

Voorbeelden van Deepfake-aanvallen

Deepfakes zijn de afgelopen jaren in verschillende vormen gebruikt om bedrijven, overheden en individuen te manipuleren. Hieronder volgen enkele voorbeelden van aanvallen waarbij deepfakes zijn ingezet:

1. **CEO-fraude met deepfake-audio (2019)**: In 2019 werd een groot Europees energiebedrijf het slachtoffer van een deepfake-aanval waarin een aanvaller een valse audioclip gebruikte om de CEO te imiteren. De deepfake werd gebruikt om een werknemer te overtuigen om meer dan €200.000 over te maken naar een Hongaarse bankrekening. De deepfake was zo overtuigend dat de werknemer geen reden had om aan de authenticiteit van het verzoek te twijfelen. Deze aanval demonstreerde hoe gevaarlijk deepfakes kunnen zijn in de context van social engineering.

2. **Nepvideo van president Obama (2018)**: In 2018 werd een deepfake-video verspreid waarin voormalig president Barack Obama beledigende opmerkingen leek te maken. De video werd later ontmaskerd als een deepfake, maar het toonde de potentie van deze technologie om politiek en publieke opinie te beïnvloeden. Hoewel dit een demonstratie was en geen daadwerkelijke aanval, benadrukte het hoe eenvoudig het is om mensen te misleiden met deepfakes.

3. **Desinformatiecampagnes in verkiezingen**: In de aanloop naar verkiezingen in verschillende landen hebben cybercriminelen en buitenlandse actoren deepfakes gebruikt om desinformatie te verspreiden. In sommige gevallen werden deepfake-video's van politieke leiders gebruikt

om valse verklaringen te verspreiden en twijfel te zaaien over hun integriteit. Deze video's waren gericht op het ondermijnen van vertrouwen in het politieke proces en het verstoren van de verkiezingsresultaten.

4. **Deepfake-audio in zakelijke conflicten**: In een ander incident gebruikte een aanvaller een deepfake-audiobestand om een directielid van een groot technologiebedrijf te imiteren. Dit werd gebruikt om een valse goedkeuring voor een dure overname te verkrijgen, wat leidde tot aanzienlijke financiële verliezen voor het bedrijf. Dit voorbeeld benadrukt hoe deepfakes kunnen worden ingezet om zakelijke deals te manipuleren.

De Dreiging van Digitale Misleiding

De dreiging van deepfakes gaat verder dan alleen CEO-fraude of desinformatiecampagnes. Deepfakes vertegenwoordigen een groter risico voor de integriteit van digitale communicatie, bewijsvoering en de vertrouwensrelaties die de kern vormen van het moderne bedrijfsleven en de samenleving. Hier zijn enkele van de grootste risico's van digitale misleiding door deepfakes:

1. **Verlies van vertrouwen in digitale inhoud**: Naarmate deepfakes steeds geavanceerder worden, zal het moeilijker worden om te vertrouwen op de authenticiteit van digitale media. Dit kan leiden tot een bredere erosie van vertrouwen in nieuws, juridische bewijsmaterialen en zelfs interpersoonlijke communicatie.

   Voorbeeld: In een toekomstige rechtszaak waarin video's worden gebruikt als bewijsmateriaal, kan de verdediging eenvoudig de authenticiteit van de video's in twijfel trekken door te beweren dat het om een deepfake gaat. Dit maakt het moeilijker om juridische beslissingen te baseren op digitale inhoud.

2. **Sociale en politieke instabiliteit**: Deepfakes kunnen worden gebruikt om grootschalige chaos en onrust te veroorzaken door valse informatie over politieke leiders of belangrijke figuren te verspreiden. Dit kan niet alleen verkiezingsuitkomsten beïnvloeden, maar ook de nationale veiligheid in gevaar brengen.

Voorbeeld: Een deepfake-video van een militaire leider die schijnbaar een staatsgreep aankondigt, kan grootschalige paniek veroorzaken, zelfs als de video snel wordt ontmaskerd als vals.

3. **Manipulatie van werknemers en bedrijven**: CEO-fraude is slechts het begin van hoe deepfakes kunnen worden ingezet om bedrijven te manipuleren. Aanvallers kunnen deepfakes gebruiken om vertrouwelijke bedrijfsinformatie te verkrijgen, werknemers te misleiden om gevoelige gegevens vrij te geven of om waardevolle assets te stelen.

    Voorbeeld: Een deepfake-video van een CFO die een werknemer vraagt om wachtwoorden te verstrekken voor een nieuw project kan leiden tot een inbreuk op de beveiliging van het bedrijf zonder dat de werknemer zich bewust is van de aanval.

4. **Schade aan reputaties**: Deepfakes kunnen worden gebruikt om de reputatie van individuen of bedrijven te schaden door valse beelden of audioclips te verspreiden waarin deze personen zich schuldig maken aan immoreel of illegaal gedrag.

    Voorbeeld: Een deepfake-video waarin een bedrijfsleider schijnbaar beledigende opmerkingen maakt over werknemers kan de reputatie van het bedrijf ernstig schaden, zelfs als de video later wordt weerlegd.

Hoe Deepfakes Detecteren?

Nu de dreiging van deepfakes groeit, is het van cruciaal belang dat bedrijven en organisaties tools ontwikkelen en implementeren om deepfakes te detecteren. Hoewel deepfakes steeds overtuigender worden, zijn er nog steeds methoden om ze te herkennen. Hier zijn enkele technieken en technologieën die worden gebruikt om deepfakes te detecteren:

1. **AI-gebaseerde deepfakedetectie**: Net zoals AI wordt gebruikt om deepfakes te creëren, kan AI ook worden ingezet om ze te detecteren. Machine-learning modellen kunnen worden getraind om subtiele

afwijkingen in video's of audiobestanden te herkennen die erop wijzen dat ze zijn gemanipuleerd. Deze afwijkingen kunnen variëren van onnatuurlijke oogbewegingen en lichteffecten tot inconsistente schaduwen.

Voorbeeld: Een AI-gestuurd deepfakedetectiesysteem kan worden ingezet om alle inkomende video- en audiobestanden te scannen die door werknemers van een bedrijf worden ontvangen. Wanneer een deepfake wordt gedetecteerd, genereert het systeem een waarschuwing en wordt de inhoud in quarantaine geplaatst.

2. **Forensische analyse**: Digitale forensische experts kunnen deepfakes identificeren door de onderliggende metadata van een video of audiobestand te analyseren. Deepfake-genererende software laat vaak sporen achter in de code van een bestand, en deze kunnen worden gebruikt om de echtheid van het materiaal te controleren.

Voorbeeld: In een rechtszaak wordt een videobestand ingediend als bewijs. Een forensisch expert analyseert de metadata van de video en ontdekt dat de tijdstempels niet consistent zijn met een authentieke opname, wat aangeeft dat de video mogelijk een deepfake is.

3. **Watermerken en digitale handtekeningen**: Een andere methode om deepfakes te bestrijden is het gebruik van watermerken en digitale handtekeningen om de echtheid van videomateriaal te verifiëren. Door een uniek digitaal watermerk toe te voegen aan officiële video's, kan de oorsprong van de video worden geverifieerd en kan worden vastgesteld of deze is gemanipuleerd.

Voorbeeld: Een videoboodschap van een CEO die wordt verspreid naar alle werknemers van een multinational bevat een digitaal watermerk dat de echtheid van de video bevestigt. Wanneer iemand probeert de video te bewerken en opnieuw te verzenden, wordt het watermerk ongeldig, waardoor de wijziging kan worden gedetecteerd.

Hoe Bedrijven Zich Kunnen Beschermen Tegen Deepfake-aanvallen

Bedrijven en organisaties moeten proactief stappen ondernemen om zichzelf te beschermen tegen de groeiende dreiging van deepfakes. Hier zijn enkele strategieën die kunnen worden geïmplementeerd om het risico op deepfake-aanvallen te verminderen:

1. **Bewustwordingstraining voor werknemers**: Een van de belangrijkste stappen die bedrijven kunnen nemen, is het trainen van hun werknemers om zich bewust te zijn van de dreiging van deepfakes en hoe ze deze kunnen herkennen. Net zoals phishingbewustzijnstrainingen werknemers leren om verdachte e-mails te herkennen, kunnen deepfakebewustzijnstrainingen helpen om werknemers alert te maken op mogelijke video- of audiofraude.

   Voorbeeld: Een grote financiële instelling implementeert een deepfakebewustzijnsprogramma waarin werknemers worden getraind om verdachte video's en audioboodschappen te identificeren. Het programma omvat praktische oefeningen waarbij werknemers nepvideo's moeten identificeren en rapporteren.

2. **Verificatieprocessen**: Bedrijven kunnen verificatieprocessen implementeren om ervoor te zorgen dat kritieke communicatie niet uitsluitend vertrouwt op digitale media. Dit kan inhouden dat belangrijke verzoeken, zoals geldtransacties of het delen van gevoelige informatie, worden geverifieerd via meerdere kanalen voordat ze worden uitgevoerd.

   Voorbeeld: Een bedrijf dat gevoelig is voor CEO-fraude vereist dat elke financiële transactie van meer dan €10.000 wordt bevestigd door zowel een telefoongesprek als een schriftelijke goedkeuring, om te voorkomen dat deepfakes worden gebruikt om werknemers te misleiden.

3. **Investeren in deepfakedetectie-technologie**: Bedrijven kunnen investeren in AI-gestuurde detectietools die speciaal zijn ontworpen om deepfakes te identificeren. Deze tools kunnen worden geïntegreerd in bedrijfsnetwerken om inkomende communicatie en bestanden te scannen op tekenen van manipulatie.

Voorbeeld: Een technologiebedrijf implementeert een deepfakedetectie-systeem dat alle inkomende video's, audiobestanden en zelfs afbeeldingen die via e-mail worden verzonden, analyseert op mogelijke tekenen van manipulatie.

4. **Samenwerking met externe experts**: Bedrijven kunnen samenwerken met externe experts op het gebied van cybersecurity en digitale forensische analyse om hun beveiligingssystemen te versterken en deepfake-aanvallen te detecteren. Deze experts kunnen bedrijven helpen bij het implementeren van de nieuwste technologieën en strategieën om zich te beschermen tegen geavanceerde cyberaanvallen.

Voorbeeld: Een multinational huurt een cyberbeveiligingsbedrijf in dat gespecialiseerd is in het detecteren van deepfakes en desinformatie-campagnes. Het bedrijf voert regelmatige audits uit om ervoor te zorgen dat de beveiligingssystemen van de multinational in staat zijn om deepfakes op te sporen en te neutraliseren.

De Toekomst van Deepfakes en Sociale Manipulatie

De dreiging van deepfakes is niet langer sciencefiction, maar een realiteit waarmee bedrijven en organisaties vandaag de dag worden geconfronteerd. Met de vooruitgang in AI en machine-learning worden deepfakes steeds realistischer, waardoor ze een krachtig wapen zijn in de handen van cybercriminelen en kwaadwillende actoren. Van CEO-fraude en phishing tot desinformatiecampagnes, de toepassingen van deepfakes in sociale manipulatie zijn vrijwel onbeperkt.

De sleutel tot het bestrijden van deze dreiging ligt in bewustwording, detectie en preventie. Bedrijven moeten investeren in geavanceerde detectiesystemen, werknemers trainen om potentiële deepfakes te herkennen, en strikte verificatieprocessen implementeren om ervoor te zorgen dat belangrijke beslissingen niet worden gebaseerd op misleidende digitale media.

Hoewel de technologie voor deepfakes zich blijft ontwikkelen, blijven ook de middelen om ze te detecteren en te bestrijden evolueren. Door een proactieve aanpak te hanteren, kunnen bedrijven zichzelf beter beschermen tegen deze groeiende vorm van digitale misleiding en de reputatieschade, financiële verliezen en veiligheidsrisico's die ermee gepaard gaan, minimaliseren.

Het Bestrijden van AI met AI

De snelle vooruitgang van kunstmatige intelligentie (AI) heeft geleid tot een steeds veranderend cyberbeveiligingslandschap. AI wordt niet alleen door verdedigers gebruikt om hun netwerken en systemen te beschermen, maar ook door aanvallers om hun aanvallen te verfijnen en te automatiseren. Dit heeft geleid tot een nieuwe categorie cyberaanvallen die door AI worden aangestuurd, waardoor traditionele verdedigingsmechanismen vaak ontoereikend zijn geworden. Om deze AI-gestuurde dreigingen het hoofd te bieden, wenden cybersecurity-organisaties zich steeds meer tot **AI-detectiesystemen** die in staat zijn om AI-aanvallen te identificeren en te neutraliseren. In dit hoofdstuk onderzoeken we hoe AI wordt ingezet om andere AI-gestuurde aanvallen te verslaan, en bespreken we de belangrijkste verdedigingstactieken die door cybersecurity-organisaties worden gebruikt.

De Dreiging van AI-gestuurde Cyberaanvallen

AI-gestuurde cyberaanvallen onderscheiden zich van traditionele aanvallen door hun vermogen om snel en nauwkeurig grote hoeveelheden data te analyseren en te exploiteren. AI-algoritmen kunnen bijvoorbeeld worden gebruikt om zwakke plekken in netwerken te ontdekken, geavanceerde phishingcampagnes uit te voeren, of zich aan te passen aan de verdediging van het doelwit, waardoor ze veel moeilijker te detecteren en te stoppen zijn dan conventionele cyberaanvallen. Een belangrijk kenmerk van AI-gestuurde aanvallen is hun vermogen om **realtime beslissingen** te nemen en hun tactieken aan te passen op basis van de tegen-maatregelen van de verdediger.

Voorbeelden van AI-gestuurde aanvallen:

1. **AI-gestuurde phishing**: Phishing is een van de meest voorkomende vormen van cyberaanvallen. Met AI kunnen aanvallers nog effectievere phishingcampagnes opzetten door persoonlijke informatie te analyseren en gepersonaliseerde e-mails te genereren. Deze e-mails zijn vaak moeilijk te onderscheiden van legitieme communicatie, omdat AI in staat is om de schrijfstijl, voorkeuren en interesses van de ontvanger te imiteren.

Voorbeeld: Een aanvaller gebruikt AI om sociale media en openbare bronnen te analyseren en een gepersonaliseerde phishing-e-mail te genereren. In plaats van een generieke phishing-poging te sturen, maakt AI gebruik van contextspecifieke informatie, zoals recente activiteiten van de gebruiker, om de geloofwaardigheid van de e-mail te vergroten.

2. **AI-gestuurde ransomware**: Ransomware is een vorm van malware die bestanden versleutelt en losgeld eist om deze weer vrij te geven. Aanvallers kunnen AI gebruiken om de verspreiding van ransomware te automatiseren en zich aan te passen aan de verdedigingsmechanismen van het doelwit. Door AI in te zetten, kan ransomware zich verspreiden op manieren die traditionele beveiligingssystemen niet kunnen voorspellen.

   Voorbeeld: Een AI-gestuurde ransomware-aanval analyseert in real-time de configuraties van de netwerken van het doelwit en bepaalt de beste manier om de aanval voort te zetten. Het malwareprogramma kan zich aanpassen aan verschillende beveiligingslagen door zich te verbergen in netwerkverkeer of processen, waardoor het veel moeilijker wordt om de aanval te detecteren.

3. **Zero-day-aanvallen met AI**: Zero-day-aanvallen zijn aanvallen die gebruikmaken van onbekende kwetsbaarheden in software of hardware, en omdat ze nog niet bekend zijn bij beveiligingsspecialisten, kunnen ze moeilijk te stoppen zijn. AI kan worden gebruikt om automatisch onbekende kwetsbaarheden op te sporen en te exploiteren, waardoor zero-day-aanvallen efficiënter en gerichter worden.

   Voorbeeld: Een AI-systeem analyseert miljoenen regels code van een groot bedrijf om mogelijke kwetsbaarheden te identificeren. Zodra een zwakke plek wordt gevonden, gebruikt de AI automatisch een exploit om toegang te krijgen tot het netwerk van het bedrijf en waardevolle gegevens te stelen zonder dat de aanval wordt opgemerkt.

AI in de Verdediging: Hoe Cybersecurity-organisaties AI Inzetten

Om deze AI-gestuurde aanvallen het hoofd te bieden, gebruiken cybersecurity-organisaties AI-technologieën om hun verdedigingsstrategieën te verbeteren. Deze verdedigingssystemen zijn ontworpen om grote hoeveelheden data te analyseren, afwijkingen te detecteren en zich aan te passen aan de evoluerende tactieken van aanvallers. AI-detectie van AI-aanvallen is essentieel geworden in een tijd waarin aanvallen steeds complexer en dynamischer worden.

1. **AI-gestuurde anomaliedetectie**: Een van de belangrijkste manieren waarop AI wordt ingezet in de verdediging is via anomaliedetectie. AI-modellen worden getraind om normaal gedrag binnen een netwerk te herkennen en kunnen afwijkingen detecteren die wijzen op een potentiële aanval. Dit kan variëren van ongebruikelijke netwerkactiviteit tot abnormale inlogpogingen.

   Voorbeeld: Een AI-gestuurd beveiligingssysteem dat is geïmplementeerd in een grote bank leert het normale gedrag van elke gebruiker binnen het netwerk. Wanneer een medewerker op ongebruikelijke tijdstippen inlogt en gegevens begint te downloaden die buiten zijn bevoegdheden vallen, detecteert de AI deze afwijking en stuurt een waarschuwing naar het beveiligingsteam, waardoor een potentiële aanval wordt voorkomen.

2. **AI-gestuurde gedragsanalyse**: Gedragsanalyse is een andere belangrijke toepassing van AI in cybersecurity. AI-modellen kunnen gebruikersgedrag analyseren en verdachte activiteiten opsporen die kunnen wijzen op een aanval. Dit kan bijvoorbeeld helpen om gecompromitteerde accounts te detecteren of aanvallers die zich voordoen als legitieme gebruikers.

   Voorbeeld: Een cybersecurity-organisatie implementeert een AI-gestuurd gedragsanalysesysteem dat het gedrag van alle werknemers monitort. Wanneer een aanvaller de inloggegevens van een werknemer steelt en probeert toegang te krijgen tot gevoelige gegevens, merkt de AI op dat het gedrag van de gebruiker is veranderd (bijvoorbeeld door toegang te vragen tot ongebruikelijke systemen) en blokkeert de toegang tot het netwerk.

3. **AI voor threat intelligence**: Cybersecurity-organisaties gebruiken AI om enorme hoeveelheden dreigingsinformatie (threat intelligence) te analyseren en nieuwe trends in cyberaanvallen te identificeren. AI kan helpen bij het analyseren van openbare en privébronnen van dreigingsinformatie om patronen en opkomende aanvallen te herkennen, waardoor organisaties zich beter kunnen voorbereiden op dreigingen voordat ze plaatsvinden.

Voorbeeld: Een AI-gestuurd systeem analyseert wereldwijd dreigingsinformatie en herkent dat er een toename is van zero-day-aanvallen gericht op specifieke cloudoplossingen. Het systeem informeert de betrokken bedrijven, zodat ze hun systemen kunnen beveiligen en potentiële aanvallen kunnen voorkomen.

AI in Incident Response: Automatische Herstelacties

AI speelt ook een cruciale rol in **incident response**, waarbij het automatisch herstelacties kan initiëren nadat een aanval is gedetecteerd. Dit stelt organisaties in staat om snel te reageren op aanvallen zonder menselijke tussenkomst, waardoor de schade wordt beperkt en de tijd voor herstel wordt verkort. Automatische herstelacties zijn bijzonder effectief tegen snelle en grootschalige AI-gestuurde aanvallen, zoals ransomware en gedistribueerde denial-of-service (DDoS)-aanvallen.

1. **Isoleren van geïnfecteerde systemen**: Een van de belangrijkste herstelacties die AI kan uitvoeren, is het isoleren van geïnfecteerde systemen om te voorkomen dat een aanval zich verspreidt naar andere delen van het netwerk. Zodra een AI-systeem een aanval detecteert, kan het automatisch de toegang tot het netwerk beperken en de getroffen systemen in quarantaine plaatsen.

   Voorbeeld: Een ransomware-aanval begint gevoelige bestanden op de servers van een groot mediabedrijf te versleutelen. Het AI-systeem detecteert de ongebruikelijke bestandswijzigingen en plaatst onmiddellijk de getroffen servers in quarantaine, waardoor de verspreiding van de ransomware wordt gestopt.

2. **Herstellen van back-ups**: Wanneer een aanval schade aanricht aan kritieke systemen of gegevens versleutelt, kan een AI-systeem geautomatiseerde herstelacties uitvoeren door back-ups te herstellen. Dit zorgt ervoor dat de getroffen organisatie snel weer operationeel kan zijn zonder menselijke tussenkomst.

   Voorbeeld: Een AI-gestuurd incident response-systeem detecteert dat een aanvaller kritieke bedrijfsgegevens heeft versleuteld met ransomware. Het systeem herstelt automatisch de laatste back-up van de gegevens en schakelt de geïnfecteerde machines uit, waardoor de schade wordt geminimaliseerd en het bedrijf snel weer kan functioneren.

3. **Aanpassen van firewall- en netwerkregels**: AI-systemen kunnen ook automatisch firewall- en netwerkregels aanpassen om de toegang tot kwetsbare delen van het netwerk te blokkeren zodra een aanval wordt gedetecteerd. Dit voorkomt dat de aanvallers verdere toegang krijgen tot gevoelige systemen of gegevens.

   Voorbeeld: Een AI-gestuurd systeem dat het netwerkverkeer van een financiële instelling monitort, detecteert een poging van een aanvaller om toegang te krijgen tot een kritieke database. Het systeem blokkeert onmiddellijk de IP-adressen die aan de aanval zijn gekoppeld en wijzigt de firewallregels om verdere toegang tot de database te voorkomen.

De Voordelen van AI in Cybersecurity

AI biedt verschillende voordelen voor cybersecurity, vooral wanneer het gaat om het bestrijden van AI-gestuurde aanvallen. Deze voordelen maken AI een essentieel hulpmiddel in de moderne cyberbeveiliging:

1. **Schaalbaarheid**: AI kan enorme hoeveelheden data in real-time analyseren en patronen detecteren die menselijke analisten onmogelijk zouden kunnen verwerken. Dit maakt AI uitermate geschikt voor het beveiligen van grote netwerken met veel verkeer en complexe systemen.

2. **Snelheid**: AI-systemen kunnen bedreigingen in milliseconden detecteren en reageren voordat de aanval schade kan aanrichten. Dit is van cruciaal belang bij aanvallen zoals ransomware, waar elke seconde telt.

3. **Adaptief leren**: AI-systemen kunnen zichzelf verbeteren door te leren van eerdere aanvallen. Dit betekent dat ze na elke aanval effectiever worden in het herkennen van vergelijkbare bedreigingen in de toekomst.

4. **Proactieve verdediging**: AI kan worden gebruikt om dreigingen te voorspellen voordat ze plaatsvinden, waardoor organisaties proactieve maatregelen kunnen nemen om zich te beschermen tegen opkomende aanvallen.

De Uitdagingen van AI in Cybersecurity

Hoewel AI krachtige voordelen biedt, zijn er ook uitdagingen verbonden aan de inzet ervan in cybersecurity:

1. **Valse positieven**: AI-systemen kunnen valse positieven genereren, waarbij legitiem gedrag wordt gemarkeerd als een bedreiging. Dit kan leiden tot een overvloed aan waarschuwingen en verminderde efficiëntie van het beveiligingsteam.

   Oplossing: Het verfijnen van AI-modellen en het combineren van AI met menselijke supervisie kan helpen om de nauwkeurigheid van de detectie te verbeteren en valse positieven te verminderen.

2. **Bias in AI-modellen**: Als AI-modellen worden getraind op beperkte of bevooroordeelde gegevens, kunnen ze verkeerde beslissingen nemen. Dit kan ertoe leiden dat bepaalde aanvallen niet worden gedetecteerd of dat legitieme activiteiten als verdacht worden gemarkeerd.

   Oplossing: Het trainen van AI-modellen op diverse en representatieve datasets kan helpen om bias te verminderen en de nauwkeurigheid van de modellen te verbeteren.

3. **Aanpassing aan nieuwe dreigingen**: AI-aanvallers kunnen hun technieken aanpassen om detectie door AI-systemen te omzeilen. Dit maakt het belangrijk voor verdedigers om hun AI-systemen voortdurend bij te werken en aan te passen aan nieuwe aanvalstechnieken.

Oplossing: Het gebruik van zelflerende AI-modellen en het integreren van AI met geavanceerde threat intelligence kan helpen om snel te reageren op nieuwe dreigingen.

De Toekomst van AI in Cybersecurity

De toekomst van AI in cybersecurity ziet er veelbelovend uit, met de verwachting dat AI een centrale rol zal blijven spelen in zowel verdediging als aanval. Naarmate AI-technologieën blijven evolueren, zullen verdedigers en aanvallers blijven proberen om elkaar te slim af te zijn met steeds geavanceerdere AI-algoritmen.

Enkele opkomende trends in AI en cybersecurity zijn:

1. **Autonome beveiligingssystemen**: In de toekomst zullen we waarschijnlijk steeds meer autonome AI-beveiligingssystemen zien die volledig geautomatiseerd kunnen detecteren, reageren en herstellen zonder menselijke tussenkomst.

2. **Kwantumbeveiliging**: Naarmate kwantumcomputers krachtiger worden, zal AI een cruciale rol spelen in het ontwikkelen van kwantumresistente beveiligingstechnologieën die in staat zijn om de immense rekenkracht van kwantumcomputers te weerstaan.

3. **Samenwerking tussen mens en AI**: Hoewel AI steeds geavanceerder wordt, blijft menselijke expertise van cruciaal belang. De samenwerking tussen mens en AI zal de sleutel zijn tot het bestrijden van de meest complexe cyberdreigingen.

AI Tegen AI – De Nieuwe Realiteit in Cybersecurity

De opkomst van AI-gestuurde aanvallen heeft het speelveld van cybersecurity drastisch veranderd. Aanvallers maken gebruik van AI om hun aanvallen te automatiseren, te verfijnen en te verbergen, waardoor traditionele beveiligingsmaatregelen vaak niet meer voldoende zijn. Om deze dreigingen te bestrijden, wenden cybersecurity-organisaties zich steeds meer tot AI-gestuurde detectie- en verdedigingssystemen.

De kracht van AI in cybersecurity ligt in zijn snelheid, schaalbaarheid en vermogen om te leren van nieuwe bedreigingen. Cybersecurity-organisaties zoals Darktrace, Cylance en CrowdStrike laten zien hoe AI succesvol kan worden ingezet om AI-aanvallen te neutraliseren en netwerken te beschermen. Tegelijkertijd moeten organisaties zich bewust zijn van de uitdagingen die gepaard gaan met de inzet van AI en ervoor zorgen dat hun systemen voortdurend worden bijgewerkt en geoptimaliseerd.

In de toekomst zal de strijd tussen aanvallers en verdedigers zich blijven ontwikkelen, waarbij AI een steeds grotere rol zal spelen aan beide kanten van het conflict. Het bestrijden van AI met AI is geen keuze meer, maar een noodzaak in de moderne wereld van cyberbeveiliging.

De Wet van Beveiliging en Privacy

De opkomst van kunstmatige intelligentie (AI) en machine-learning (ML) heeft de wereld van cybersecurity drastisch veranderd. AI biedt geavanceerde mogelijkheden om bedreigingen te detecteren, aanvallen te neutraliseren en netwerken te beschermen, maar tegelijkertijd roept het complexe juridische vragen op. Naarmate AI een steeds grotere rol speelt in de verdediging tegen cyberaanvallen, moeten bedrijven, overheden en beleidsmakers nadenken over de juridische kant van deze technologieën. Dit hoofdstuk onderzoekt de juridische implicaties van AI in cybersecurity en de impact van privacywetgeving op AI-toepassingen.

Met name in de context van **gegevensbescherming en privacy** staan cybersecurity-organisaties voor uitdagingen bij de implementatie van AI-technologieën. Het gebruik van AI vereist vaak grote hoeveelheden data om modellen te trainen en aanvallen te voorspellen, maar deze data kunnen persoonlijke of gevoelige informatie bevatten. Tegelijkertijd proberen overheden wereldwijd nieuwe wetgeving aan te nemen om AI-gedreven dreigingen het hoofd te bieden en de privacy van burgers te waarborgen.

De Juridische Implicaties van AI in Cybersecurity

De juridische implicaties van AI in cybersecurity zijn divers en bestrijken verschillende gebieden, waaronder aansprakelijkheid, naleving van de regelgeving, privacy-kwesties en ethische overwegingen. Terwijl AI-systemen worden gebruikt om aanvallen te detecteren en te bestrijden, is het belangrijk om rekening te houden met de juridische kaders waarin deze technologieën opereren.

1. **Aansprakelijkheid bij AI-gestuurde besluitvorming**: Een van de grootste juridische uitdagingen met AI in cybersecurity is de kwestie van aansprakelijkheid. AI-systemen worden vaak gebruikt om automatisch beslissingen te nemen, zoals het blokkeren van netwerktoegang of het isoleren van verdachte systemen. Als een AI-systeem een verkeerde beslissing neemt—bijvoorbeeld door legitiem netwerkverkeer te blokkeren of een aanval te missen—rijst de vraag wie aansprakelijk is voor de schade.

Voorbeeld: Een AI-gestuurd beveiligingssysteem in een ziekenhuis blokkeert ten onrechte de toegang tot een medische database, wat leidt tot een vertraging in de zorgverlening. Wie is verantwoordelijk voor deze fout? Is het de ontwikkelaar van het AI-systeem, de beheerder van het ziekenhuis of de leverancier van de beveiligingssoftware?

Deze kwestie wordt nog complexer bij het gebruik van autonome AI-systemen die zonder menselijke tussenkomst werken. Aansprakelijkheid kan moeilijk vast te stellen zijn wanneer de beslissingen door een algoritme worden genomen, vooral wanneer de redenen achter die beslissingen niet gemakkelijk te begrijpen zijn (het zogenaamde "black box"-probleem in AI).

2. **Naleving van regelgeving**: Cybersecurity-organisaties die AI gebruiken, moeten ervoor zorgen dat hun systemen voldoen aan de relevante regelgeving en normen, zoals de **General Data Protection Regulation (GDPR)** in de Europese Unie of de **California Consumer Privacy Act (CCPA)** in de Verenigde Staten. Deze regelgeving stelt eisen aan de manier waarop gegevens worden verzameld, verwerkt en beschermd.

   Voorbeeld: Een AI-gestuurd systeem dat gebruikersgedrag analyseert om bedreigingen te detecteren, moet ervoor zorgen dat het gebruik van persoonlijke gegevens in overeenstemming is met de GDPR. Dit betekent dat bedrijven toestemming moeten vragen voor het verzamelen van deze gegevens en ervoor moeten zorgen dat de privacy van individuen wordt beschermd.

3. **Verantwoord gebruik van AI**: De inzet van AI in cybersecurity roept ethische en juridische vragen op over de manier waarop deze technologie wordt gebruikt. AI kan bijvoorbeeld worden gebruikt om massale surveillance uit te voeren of om het gedrag van werknemers op ongepaste manieren te monitoren. Dit kan in strijd zijn met privacywetgeving en kan ethische bezwaren oproepen, vooral als AI-systemen zonder expliciete toestemming van de betrokkenen worden ingezet.

   Voorbeeld: Een bedrijf implementeert een AI-gestuurd systeem om het e-mailverkeer van werknemers te analyseren op mogelijke bedreigingen. Hoewel het systeem is ontworpen om de beveiliging van het netwerk te verbeteren, kan het ook worden gezien als een inbreuk op de privacy van werknemers als hun persoonlijke communicatie wordt geanalyseerd zonder hun medeweten.

4. **Cyberaanvallen en internationale wetgeving**: Een ander belangrijk juridisch aspect van AI in cybersecurity betreft de internationale dimensie van cyberaanvallen. Aangezien veel AI-gestuurde aanvallen worden uitgevoerd door actoren in andere landen, rijzen er juridische vragen over de jurisdictie en de handhaving van wetten. Internationale samenwerking en regelgeving zijn essentieel om de dreiging van AI-gestuurde cyberaanvallen effectief aan te pakken.

   Voorbeeld: Een AI-gestuurde aanval wordt uitgevoerd door een hacker in een ander land, waarbij gevoelige gegevens van een internationaal bedrijf worden gestolen. Welke wetgeving is van toepassing? Hoe kunnen overheden samenwerken om de verantwoordelijken voor deze aanvallen te vervolgen?

AI en Privacywetgeving: De Impact op Cybersecurity-toepassingen

Privacywetgeving heeft een grote impact op de manier waarop AI in cybersecurity wordt toegepast. Terwijl AI-systemen vaak enorme hoeveelheden data nodig hebben om effectief te functioneren, moeten organisaties ervoor zorgen dat ze voldoen aan de wetten en regels die zijn ontworpen om de privacy van individuen te beschermen. Laten we de belangrijkste privacywetten en hun impact op AI-toepassingen in cybersecurity onderzoeken.

1. **General Data Protection Regulation (GDPR)**: De GDPR, die van kracht is in de Europese Unie, is een van de strengste privacywetten ter wereld. Deze wetgeving stelt strenge eisen aan de manier waarop bedrijven persoonsgegevens verzamelen, verwerken en opslaan. De GDPR vereist dat bedrijven transparant zijn over hoe ze gegevens gebruiken en dat individuen expliciete toestemming moeten geven voor het verzamelen van hun persoonlijke informatie.

Impact op AI in cybersecurity: AI-gestuurde cybersecuritysystemen moeten voldoen aan de eisen van de GDPR, wat betekent dat bedrijven ervoor moeten zorgen dat ze gegevens alleen gebruiken voor legitieme doeleinden en dat ze de privacy van gebruikers respecteren. AI-modellen die bijvoorbeeld gedragsanalyse uitvoeren om bedreigingen te detecteren, mogen niet meer gegevens verzamelen dan nodig is, en de gegevens die worden verzameld, moeten worden beschermd tegen ongeoorloofde toegang.

Voorbeeld: Een bedrijf implementeert een AI-systeem dat het netwerkverkeer van werknemers analyseert om potentiële cyberaanvallen te detecteren. Onder de GDPR moet het bedrijf ervoor zorgen dat het alleen de gegevens verzamelt die noodzakelijk zijn voor de beveiligings- doeleinden en dat de werknemers op de hoogte zijn van de gegevens- verwerking.

2. **California Consumer Privacy Act (CCPA)**: De CCPA, die van toepassing is in Californië, is een andere belangrijke privacywetgeving die van invloed is op AI-toepassingen in cybersecurity. Net als de GDPR geeft de CCPA consumenten het recht om te weten welke persoonlijke gegevens worden verzameld, hoe deze worden gebruikt, en de mogelijkheid om deze gegevens te laten verwijderen.

   Impact op AI in cybersecurity: AI-systemen die door bedrijven in Californië worden gebruikt, moeten voldoen aan de vereisten van de CCPA, wat betekent dat bedrijven transparant moeten zijn over hun gegevensverzameling en consumenten de mogelijkheid moeten bieden om hun gegevens te verwijderen. Dit kan uitdagingen opleveren voor AI- systemen die afhankelijk zijn van historische gegevens om bedreigingen te detecteren, omdat het verwijderen van gegevens de nauwkeurigheid van het systeem kan verminderen.

   Voorbeeld: Een bedrijf dat een AI-gestuurd cybersecuritysysteem gebruikt om dreigingsinformatie te analyseren, ontvangt een verzoek van een consument om hun gegevens te verwijderen in overeenstemming met de CCPA. Het bedrijf moet ervoor zorgen dat het verzoek wordt uitgevoerd zonder de effectiviteit van het AI-systeem te ondermijnen.

3. **Wet bescherming persoonsgegevens (Wbp) en andere nationale wetten**: Naast de GDPR en CCPA zijn er tal van nationale wetten die de privacy en gegevensbescherming van individuen beschermen. Deze wetten verschillen per land, maar ze hebben allemaal invloed op de manier waarop AI-toepassingen in cybersecurity moeten worden ontworpen en ingezet.

   Impact op AI in cybersecurity: Elk land heeft zijn eigen regels en voorschriften met betrekking tot gegevensbescherming, en bedrijven die wereldwijd opereren, moeten ervoor zorgen dat hun AI-systemen voldoen aan de wetgeving in alle landen waar ze actief zijn. Dit kan betekenen dat bedrijven hun AI-modellen moeten aanpassen of gegevens op verschillende manieren moeten verwerken, afhankelijk van de jurisdictie.

   Voorbeeld: Een wereldwijd technologiebedrijf implementeert een AI-gestuurd systeem om zijn netwerken te beschermen tegen cyberaanvallen. Het bedrijf moet ervoor zorgen dat het systeem voldoet aan de privacy-wetgeving in elk land waar het actief is, wat kan betekenen dat verschillende gegevensbeschermingsmaatregelen worden genomen, afhankelijk van de locatie van de gebruiker.

Gegevensminimalisatie en Privacy by Design in AI-systemen

Een belangrijke overweging voor bedrijven die AI-systemen in cybersecurity implementeren, is het principe van **gegevensminimalisatie**. Dit principe, dat centraal staat in veel privacywetgeving, vereist dat bedrijven alleen de minimale hoeveelheid gegevens verzamelen die nodig is om hun doeleinden te bereiken. In de context van AI-gestuurde cybersecurity betekent dit dat bedrijven ervoor moeten zorgen dat hun AI-systemen geen onnodige persoonlijke gegevens verzamelen of verwerken.

1. **Privacy by Design**: Privacy by Design is een concept dat stelt dat privacy en gegevensbescherming vanaf het begin in de ontwerp- en ontwikkelings-fasen van een systeem moeten worden ingebouwd. Voor AI-gestuurde cybersecuritysystemen betekent dit dat bedrijven ervoor moeten zorgen dat privacybescherming centraal staat bij het ontwerpen van hun systemen.

Voorbeeld: Een bedrijf implementeert een AI-gestuurd systeem dat gebruikersgedrag analyseert om bedreigingen te detecteren. Bij het ontwerpen van het systeem zorgt het bedrijf ervoor dat alleen anonieme gegevens worden verzameld en dat persoonlijke informatie wordt geminimaliseerd, waardoor het risico op inbreuk op de privacy van gebruikers wordt verminderd.

2. **Gegevensminimalisatie in de praktijk**: Om te voldoen aan privacywetgeving zoals de GDPR, moeten bedrijven hun AI-systemen zo ontwerpen dat ze alleen de noodzakelijke gegevens verzamelen. Dit kan betekenen dat bedrijven anonieme of gepseudonimiseerde gegevens gebruiken in plaats van direct identificeerbare persoonlijke informatie.

Voorbeeld: Een AI-systeem dat wordt gebruikt om bedreigingen in een bedrijfsnetwerk te detecteren, verzamelt alleen gegevens over netwerkactiviteit zonder persoonlijke informatie van werknemers op te slaan, zoals namen of e-mailadressen. Hierdoor kan het bedrijf zijn beveiligingsdoelen bereiken zonder de privacy van werknemers in gevaar te brengen.

De Rol van Overheden en Regelgevers bij AI in Cybersecurity

Overheden en regelgevende instanties spelen een cruciale rol bij het waarborgen dat AI-toepassingen in cybersecurity worden gebruikt in overeenstemming met de wet. Naast het vaststellen van privacywetten zijn overheden verantwoordelijk voor het opstellen van richtlijnen en standaarden voor het ethisch gebruik van AI in beveiligingstoepassingen.

1. **Wetgeving rond AI en cybersecurity**: Steeds meer overheden nemen wetgeving aan die specifiek gericht is op het gebruik van AI in cybersecurity. Deze wetten zijn bedoeld om de integriteit van AI-gestuurde systemen te waarborgen, ervoor te zorgen dat de privacy van individuen wordt beschermd en te voorkomen dat AI wordt misbruikt voor kwaadwillige doeleinden.

133

Voorbeeld: De Europese Commissie introduceert een nieuwe verordening die eisen stelt aan het gebruik van AI in kritieke infrastructuren, zoals energiebedrijven en financiële instellingen. De wet verplicht bedrijven om transparantie te bieden over hoe AI-systemen beslissingen nemen en om auditmechanismen te implementeren die ervoor zorgen dat AI-systemen veilig en ethisch worden gebruikt.

2. **Ethiek en verantwoordelijkheid in AI-gebruik**: Regelgevers hebben ook de taak om de ethische aspecten van AI-gebruik in cybersecurity te over-wegen. Dit omvat kwesties zoals de transparantie van AI-systemen, het voorkomen van bias in AI-modellen en het waarborgen van verantwoorde besluitvorming door AI.

   Voorbeeld: Een regelgevende instantie introduceert richtlijnen voor bedrijven die AI gebruiken in hun beveiligingssystemen. Deze richtlijnen verplichten bedrijven om ervoor te zorgen dat AI-besluitvorming trans-parant is en dat mensen verantwoordelijk blijven voor het controleren van kritieke beslissingen die door AI worden genomen.

3. **Internationale samenwerking**: Cyberaanvallen en de inzet van AI in beveiliging zijn grensoverschrijdende kwesties. Daarom is internationale samenwerking tussen overheden en regelgevers essentieel om de juridische en ethische uitdagingen van AI in cybersecurity aan te pakken.

   Voorbeeld: Verschillende landen werken samen om een internationaal verdrag te ontwikkelen dat richtlijnen en normen vastlegt voor het gebruik van AI in cybersecurity. Dit verdrag verplicht landen om gegevensbescher-ming en ethisch gebruik van AI te bevorderen, terwijl het ook de samen-werking tussen landen vergemakkelijkt bij het aanpakken van grensover-schrijdende cyberaanvallen.

Toekomstige Ontwikkelingen in Wetgeving en Beleid

Naarmate AI zich blijft ontwikkelen, zullen ook de juridische kaders voor het gebruik van AI in cybersecurity verder evolueren. We kunnen verwachten dat nieuwe wetten en beleidsmaatregelen zullen worden geïntroduceerd om de ethische en juridische uitdagingen van AI-gebruik aan te pakken.

1. **AI-specifieke wetgeving**: In de komende jaren zullen overheden waarschijnlijk wetgeving ontwikkelen die specifiek is gericht op het gebruik van AI in cybersecurity. Deze wetten zullen zich richten op kwesties zoals transparantie, aansprakelijkheid en het ethisch gebruik van AI in beveiligingstoepassingen.

2. **Nieuwe privacyregels**: Met de groeiende hoeveelheid data die door AI-systemen wordt verzameld en geanalyseerd, zullen we waarschijnlijk nieuwe privacyregels zien die zijn ontworpen om de privacy van individuen beter te beschermen in een wereld van AI en big data.

3. **Verantwoordingsplicht voor AI-gebruik**: We kunnen ook verwachten dat er meer nadruk komt te liggen op de verantwoordingsplicht van bedrijven die AI gebruiken in hun beveiligingssystemen. Dit kan inhouden dat bedrijven moeten rapporteren over hoe ze AI-systemen gebruiken, welke gegevens ze verzamelen en hoe ze ervoor zorgen dat AI op een ethische manier wordt ingezet.

AI, Wetgeving en de Toekomst van Cybersecurity

De juridische kant van AI in cybersecurity is een complex en voortdurend evoluerend veld. Terwijl AI enorme mogelijkheden biedt om cyberaanvallen te bestrijden, roept het ook belangrijke juridische en ethische vragen op. Van aansprakelijkheid bij AI-gestuurde besluitvorming tot naleving van privacywetgeving, bedrijven moeten ervoor zorgen dat hun AI-systemen worden gebruikt in overeenstemming met de wet en de rechten van individuen respecteren.

Overheden en regelgevers spelen een cruciale rol bij het ontwikkelen van de wet- en regelgeving die nodig is om AI op een verantwoorde manier in te zetten. Naarmate AI steeds meer wordt geïntegreerd in cybersecuritysystemen, zullen we waarschijnlijk nieuwe wetten en normen zien die ervoor zorgen dat AI wordt gebruikt om de veiligheid te verbeteren zonder de privacy of rechten van individuen in gevaar te brengen.

De toekomst van AI in cybersecurity hangt af van een delicate balans tussen inno-vatie en regelgeving, waarbij de wet de snelle technologische vooruitgang moet bijhouden om ervoor te zorgen dat AI wordt gebruikt voor het algemeen welzijn.

Toekomstige Dreigingen

Naarmate kunstmatige intelligentie (AI) en machine-learning (ML) blijven evolueren, zullen ook de dreigingen in het cyberlandschap zich verder ontwikkelen. AI biedt ongekende mogelijkheden voor zowel verdedigers als aanvallers, maar de vooruitgang van deze technologie roept nieuwe en complexe beveiligings-uitdagingen op. In dit hoofdstuk speculeren we over de toekomstige dreigingen die AI met zich mee kan brengen en hoe aanvallers in de nabije toekomst nieuwe aanvalsmethoden kunnen ontwikkelen door gebruik te maken van AI en ML. Deze toekomstscenario's geven inzicht in hoe de dreigingen zich kunnen ontvouwen en wat dit betekent voor de cybersecurity-industrie.

De Verfijning van Geautomatiseerde Aanvallen

Een van de belangrijkste evoluties in AI-gestuurde aanvallen zal de verfijning van **geautomatiseerde cyberaanvallen** zijn. AI maakt het mogelijk voor aanvallers om cyberdreigingen te ontwikkelen die zich dynamisch kunnen aanpassen en evolueren op basis van de verdedigingstechnieken die worden ingezet. Terwijl geautomatiseerde aanvallen nu al bestaan, zullen toekomstige aanvallen veel geavanceerder zijn en in staat zijn om real-time aanpassingen te maken om beveiligingsmaatregelen te omzeilen.

1. **Zelflerende malware**: In de toekomst kunnen we zelflerende malware verwachten, die zich kan aanpassen aan de omgeving waarin deze zich bevindt. Deze malware zou in staat zijn om detectie te vermijden door de beveiligingssystemen van het doelwit te analyseren en zijn gedrag aan te passen om onopgemerkt te blijven. De malware kan zich op verschillende manieren manifesteren, bijvoorbeeld door zijn communicatie te versleu-telen of door zijn handtekeningen te veranderen om traditionele antivirus-programma's te omzeilen.

   Voorbeeld: Een zelflerende AI-malware infiltreert een netwerk en begint het beveiligingssysteem te observeren. Wanneer de malware merkt dat er een antivirusprogramma draait dat specifiek op bepaalde handtekeningen scant, wijzigt het zijn code om onopgemerkt te blijven. Het blijft in het netwerk actief en begint geleidelijk gegevens te verzamelen, zonder dat iemand het doorheeft.

2. **AI-gestuurde phishing-campagnes**: Phishing is een van de meest succesvolle methoden om toegang te krijgen tot netwerken en gevoelige informatie. Met de vooruitgang van AI kunnen phishing-campagnes in de toekomst nog veel verfijnder worden. AI kan worden gebruikt om gepersonaliseerde e-mails te genereren op basis van openbare gegevens van het slachtoffer, zoals sociale media, en zo de kans op succes van phishing-aanvallen te vergroten. Bovendien kunnen AI-systemen leren welke technieken het meest effectief zijn bij verschillende doelgroepen en hun phishing-berichten aanpassen aan het specifieke gedrag van het doelwit.

Voorbeeld: Een aanvaller gebruikt AI om het online gedrag van een werknemer te analyseren. De AI detecteert dat de werknemer onlangs interactie heeft gehad met een externe partner via LinkedIn. De AI genereert vervolgens een gepersonaliseerde e-mail van de "partner", waarin de werknemer wordt gevraagd om op een link te klikken. Omdat de e-mail nauw aansluit bij de recente communicatie van de werknemer, is de kans groot dat hij of zij erin trapt.

3. **AI-gedreven brute force-aanvallen**: Brute force-aanvallen, waarbij wachtwoorden of toegangscodes worden geraden door miljoenen combinaties te proberen, kunnen met behulp van AI aanzienlijk effectiever worden. AI kan leren van de patronen in wachtwoorden die mensen gebruiken, waardoor brute force-aanvallen veel sneller en gerichter worden. In plaats van willekeurige combinaties te proberen, kan AI patronen en voorkeuren analyseren, waardoor de kans op succes toeneemt.

Voorbeeld: Een AI-gestuurd systeem voert een brute force-aanval uit op een netwerk. In plaats van willekeurige wachtwoordcombinaties te proberen, analyseert het systeem eerdere datalekken en leert het dat veel mensen wachtwoorden gebruiken die zijn gebaseerd op geboortedata of bekende woorden in combinatie met cijfers. Het systeem richt zich specifiek op deze patronen en kraakt binnen enkele minuten het wachtwoord van een belangrijke gebruiker.

Geavanceerde Persistentie Bedreigingen (APT's) Versterkt door AI

Geavanceerde Persistentie Bedreigingen (APT's) zijn langdurige en gerichte aanvallen waarbij aanvallers vaak maanden of zelfs jaren onopgemerkt in een netwerk kunnen blijven. Met AI kunnen APT's in de toekomst nog geraffineerder worden, waardoor aanvallers in staat zijn om hun aanwezigheid beter te verbergen en gevoelige informatie te stelen zonder ontdekt te worden.

1. **AI-aangedreven stealth**: APT-aanvallers kunnen AI gebruiken om hun aanwezigheid in netwerken te verbergen door dynamisch hun activiteiten aan te passen aan het gedrag van het netwerk. AI kan leren welke processen en activiteiten normaal zijn binnen een netwerk en zijn eigen gedrag afstemmen om geen aandacht te trekken. Hierdoor kunnen aanvallers gedurende lange tijd ongemerkt in een netwerk blijven en hun activiteiten afstemmen op de beveiligingsmechanismen van het doelwit.

   Voorbeeld: Een AI-gestuurde APT infiltreert het netwerk van een overheid. Het systeem leert hoe het netwerk normaal functioneert en gedraagt zich op een manier die niet opvalt. Het activeert bijvoorbeeld alleen zijn schadelijke processen tijdens de uren dat de netwerkactiviteit het hoogst is, zodat het moeilijker te detecteren is door beveiligingssystemen die afwijkingen in netwerkverkeer monitoren.

2. **Geautomatiseerde laterale beweging**: Nadat een aanvaller toegang heeft verkregen tot een netwerk, kunnen ze zich lateraal door het netwerk bewegen om toegang te krijgen tot gevoelige gegevens of systemen. AI kan dit proces automatiseren en optimaliseren door de meest efficiënte route te berekenen om toegang te krijgen tot waardevolle activa, zoals financiële systemen of databases met gevoelige informatie. Deze zelflerende AI-modellen kunnen in real-time beslissen hoe ze verder moeten gaan, afhankelijk van de verdediging die ze onderweg tegenkomen.

   Voorbeeld: Een AI-aangedreven APT verkrijgt toegang tot een netwerk en begint automatisch te zoeken naar gevoelige gegevens. Het systeem identificeert zwakke plekken in de netwerkbeveiliging en verplaatst zich via de minst bewaakte paden om uiteindelijk bij een database met vertrouwelijke informatie te komen. Tijdens deze bewegingen zorgt de AI ervoor dat het zich blijft gedragen als een legitieme gebruiker om detectie te voorkomen.

Deepfakes als Wapen voor Cyberaanvallen

Deepfakes—hyperrealistische door AI gegenereerde video's, afbeeldingen of audio—zijn een krachtig hulpmiddel voor aanvallers die zich bezighouden met social engineering. In de toekomst kunnen we verwachten dat deepfakes nog realistischer en moeilijker te detecteren worden, waardoor aanvallers deze technologie kunnen gebruiken om zeer overtuigende social engineering-aanvallen uit te voeren.

1. **Deepfake-identiteitsdiefstal**: Aanvallers kunnen deepfakes gebruiken om zich voor te doen als een vertrouwenspersoon of een bedrijfsleider om werknemers te manipuleren. Met geavanceerde AI kunnen aanvallers in staat zijn om real-time deepfake-video's te genereren, waarin ze zich voordoen als de CEO van een bedrijf en een werknemer vragen om een dringende transactie uit te voeren of gevoelige informatie te delen.

   Voorbeeld: Een aanvaller creëert een real-time deepfake van de CFO van een groot bedrijf. In een video-oproep met een financiële medewerker vraagt de "CFO" om een groot bedrag over te maken naar een externe rekening, omdat het een dringende bedrijfsnoodzaak is. Omdat de video zo realistisch is en de aanval in real-time plaatsvindt, wordt de medewerker misleid en voert hij de transactie uit.

2. **Desinformatiecampagnes met deepfakes**: In de toekomst kunnen aanvallers deepfakes gebruiken om grootschalige desinformatiecampagnes te voeren, gericht op politieke of sociale destabilisatie. Deepfakes kunnen worden ingezet om nepvideo's van politieke leiders, beroemdheden of belangrijke figuren te verspreiden, waardoor publieke verwarring en chaos worden veroorzaakt. Deze video's zouden moeilijk te onderscheiden zijn van authentieke beelden, waardoor ze een verwoestend effect kunnen hebben op de samenleving.

Voorbeeld: In de aanloop naar een belangrijke verkiezing verschijnt er een deepfake-video van een kandidaat waarin hij of zij schijnbaar controversiële uitspraken doet. De video gaat viraal op sociale media voordat de autoriteiten kunnen ingrijpen om de video te ontmaskeren als een deepfake. De schade aan de reputatie van de kandidaat is echter al aangericht en de verkiezingsuitslag wordt beïnvloed.

AI-gedreven Supply Chain-aanvallen

Supply chain-aanvallen, waarbij aanvallers toegang krijgen tot een netwerk door misbruik te maken van zwakke punten in de toeleveringsketen van een bedrijf, kunnen in de toekomst worden versterkt door AI. AI kan worden gebruikt om kwetsbare leveranciers of externe partijen te identificeren en toegang te krijgen tot het netwerk van een groot doelwit via deze externe partners.

1. **Automatisch exploiteren van leveranciers**: Aanvallers kunnen AI gebruiken om de relaties en interacties tussen verschillende bedrijven in een supply chain te analyseren en te identificeren welke leveranciers minder beveiligd zijn dan hun partners. Zodra een zwakke plek in de beveiliging van een leverancier wordt ontdekt, kan AI helpen om automatisch toegang te krijgen tot het netwerk van het doelwit via deze leverancier.

   Voorbeeld: Een AI-gestuurde aanval analyseert het netwerk van een multinational en ontdekt dat een externe leverancier die regelmatig toegang heeft tot het netwerk van het bedrijf zwakke beveiligingsprotocollen heeft. De AI gebruikt deze leverancier als een toegangspunt om in het netwerk van het doelwit binnen te dringen, zonder dat het bedrijf zich ervan bewust is dat de aanval via de toeleveringsketen plaatsvindt.

2. **Dynamische supply chain-aanvallen**: In de toekomst kunnen AI-gestuurde supply chain-aanvallen dynamisch worden, waarbij de aanvaller voortdurend nieuwe zwakke punten in de keten identificeert en exploiteert. AI kan worden gebruikt om in real-time te analyseren welke leveranciers toegang hebben tot kritieke delen van het netwerk van een bedrijf en welke het meest kwetsbaar zijn voor aanvallen. De aanvaller kan zich vervolgens

richten op deze zwakke schakels en zich een weg banen naar de kern van het netwerk.

Voorbeeld: Een AI-gestuurde supply chain-aanval scant de digitale interacties van een bedrijf en zijn leveranciers. De AI herkent dat een logistiek partner, die routinematig toegang heeft tot kritieke gegevens, geen multifactor-authenticatie gebruikt. De aanval begint met het compromitteren van de inloggegevens van een medewerker van deze logistieke partner en breidt zich vervolgens uit naar de netwerken van het doelwit.

AI-gestuurde Wapenwedloop tussen Aanvallers en Verdedigers

Naarmate aanvallers AI steeds meer gebruiken om nieuwe aanvalsmethoden te ontwikkelen, zullen ook de verdedigingssystemen moeten evolueren om gelijke tred te houden. Dit zal leiden tot een **AI-wapenwedloop** tussen aanvallers en verdedigers, waarbij beide partijen geavanceerdere en geautomatiseerde systemen inzetten om elkaar te slim af te zijn.

1. **AI-gegenereerde exploits**: Aanvallers kunnen AI gebruiken om automatisch kwetsbaarheden te vinden en nieuwe exploits te ontwikkelen, waardoor ze sneller kunnen reageren op beveiligingsmaatregelen dan traditionele methoden zouden toestaan. Dit zou kunnen leiden tot een toename van zero-day-aanvallen, waarbij aanvallers kwetsbaarheden misbruiken die nog niet door beveiligingsspecialisten zijn ontdekt.

   Voorbeeld: Een AI-systeem scant miljoenen regels code in een groot softwareplatform en vindt een onbekende kwetsbaarheid. Binnen enkele minuten genereert de AI automatisch een exploit om deze kwetsbaarheid te misbruiken, waardoor de aanvaller toegang krijgt tot gevoelige gegevens voordat de kwetsbaarheid door het beveiligingsteam kan worden gepatcht.

2. **AI-gestuurde verdediging**: Tegelijkertijd zullen verdedigers geavanceerdere AI-systemen ontwikkelen om aanvallen te detecteren en te stoppen voordat ze kunnen plaatsvinden. AI kan worden gebruikt om real-time analyses uit te voeren op netwerkverkeer, bedreigingen te voorspellen op

basis van historische gegevens en zelfs automatisch te reageren op aanvallen door systemen te isoleren en back-ups te herstellen.

Voorbeeld: Een groot technologiebedrijf implementeert een AI-gestuurd beveiligingssysteem dat in real-time bedreigingen analyseert. Wanneer een AI-gestuurde aanval probeert een kwetsbaarheid in de netwerkbeveiliging uit te buiten, detecteert het AI-systeem de aanval en schakelt automatisch de getroffen systemen uit om verdere schade te voorkomen.

3. **AI-gegenereerde bedreigingsinformatie**: In de toekomst zullen AI-systemen steeds beter worden in het analyseren van grote hoeveelheden dreigingsinformatie en het genereren van inzichten die verdedigers kunnen gebruiken om proactief te reageren op nieuwe dreigingen. Deze systemen kunnen automatisch leren van eerdere aanvallen en nieuwe verdedigings-strategieën ontwikkelen.

Voorbeeld: Een AI-systeem dat wereldwijd dreigingsinformatie verzamelt, analyseert nieuwe trends in cyberaanvallen en identificeert patronen die wijzen op een opkomende aanvalscampagne tegen financiële instellingen. Het systeem waarschuwt de betrokken bedrijven en helpt hen bij het versterken van hun beveiligingsmaatregelen om de aanval te voorkomen.

Voorbereiden op de Toekomst van AI-gedreven Cyberdreigingen

De opkomst van AI in de wereld van cyberaanvallen brengt een breed scala aan nieuwe dreigingen met zich mee. Van zelflerende malware en deepfake-aanvallen tot AI-gestuurde supply chain-exploits, de toekomst van cyberdreigingen zal steeds complexer en moeilijker te voorspellen worden. Bedrijven, overheden en cyber-security-experts zullen zich moeten voorbereiden op deze dreigingen door hun verdedigingssystemen te versterken met geavanceerde AI-technologieën.

De wapenwedloop tussen aanvallers en verdedigers zal voortduren, waarbij beide partijen steeds geavanceerdere tools gebruiken om elkaar te slim af te zijn. Hoewel AI krachtige mogelijkheden biedt om aanvallen te detecteren en te neutraliseren, zal het vermogen van aanvallers om AI te gebruiken om nieuwe aanvalsmethoden te ontwikkelen blijven toenemen.

De sleutel tot het omgaan met deze toekomstige dreigingen ligt in voortdurende innovatie, samenwerking tussen cybersecurity-experts en de ontwikkeling van nieuwe wet- en regelgeving om AI-gebruik in de cybersfeer te reguleren. Alleen door proactief te anticiperen op de evolutie van AI-gestuurde aanvallen kunnen organisaties zich effectief verdedigen tegen de cyberdreigingen van morgen.

Quantum Computing en AI

Met de voortdurende vooruitgang in technologie bevinden we ons op de drempel van een nieuwe revolutie in de wereld van cybersecurity. **Quantum computing**, een technologie die de principes van de kwantummechanica benut om berekeningen uit te voeren op een snelheid die exponentieel hoger is dan die van traditionele computers, belooft zowel enorme voordelen als gevaren te brengen voor het digitale landschap. Samen met de toenemende invloed van **kunstmatige intelligentie (AI)**, vormt quantum computing een krachtig duo dat zowel door verdedigers als aanvallers kan worden ingezet.

In dit hoofdstuk onderzoeken we hoe de opkomst van quantum computing hackers nieuwe mogelijkheden biedt om encryptie te breken, terwijl het tegelijkertijd de kracht biedt om cyberaanvallen sneller op te sporen en te neutraliseren. We duiken in de concepten van quantum computing, hoe het werkt, en hoe het de fundamenten van de huidige cybersecurity drastisch kan veranderen. Ook kijken we naar de rol van AI in dit proces en hoe quantum computing en AI samen een onvoorspelbare toekomst creëren voor zowel aanvallers als verdedigers.

Wat is Quantum Computing?

Quantum computing verschilt fundamenteel van traditionele computing. In klassieke computers worden gegevens verwerkt in **bits**, waarbij elke bit de waarde 0 of 1 heeft. Quantum computers daarentegen maken gebruik van **qubits**, die de mogelijkheid hebben om tegelijkertijd zowel 0 als 1 te zijn dankzij een eigenschap die bekend staat als **superpositie**. Hierdoor kunnen quantumcomputers meerdere berekeningen tegelijk uitvoeren, wat hen in staat stelt om problemen op te lossen die voor klassieke computers onbereikbaar zijn.

Naast superpositie hebben quantumcomputers ook de eigenschap van **verstrenge-ling**, waarbij de toestand van één qubit onmiddellijk invloed heeft op een andere, zelfs als ze zich op grote afstand van elkaar bevinden. Dit betekent dat quantum-computers kunnen samenwerken op een manier die voor klassieke computers onmo-gelijk is, en dat ze bepaalde soorten berekeningen veel sneller kunnen uitvoeren.

De potentiële kracht van quantum computing ligt in de exponentiële schaalbaarheid van zijn rekenvermogen. Waar een klassieke computer lineair door gegevens gaat (bit per bit), kan een quantumcomputer tegelijkertijd talloze combinaties van gegevens verwerken. Dit biedt nieuwe mogelijkheden voor het oplossen van complexe wiskundige problemen, zoals het breken van encryptie of het doorzoeken van grote datasets.

Quantum Computing als Wapen voor Hackers

Een van de grootste zorgen met de opkomst van quantum computing is het potentieel om moderne encryptie-algoritmen te breken. De meeste huidige encryptie, zoals RSA en ECC (Elliptic Curve Cryptography), is gebaseerd op de moeilijkheid om grote priemgetallen te factoriseren of discrete logaritmen te berekenen. Voor klassieke computers zijn deze berekeningen vrijwel onmogelijk binnen een redelijke tijdspanne. Quantumcomputers daarentegen kunnen, met behulp van **Shor's algoritme**, deze problemen veel efficiënter oplossen, wat betekent dat ze bestaande encryptie binnen enkele seconden kunnen kraken.

1. **Shor's algoritme en het breken van encryptie**: Het bekende Shor's algoritme maakt gebruik van de kracht van quantum computing om de grote getallen die worden gebruikt in cryptografie snel te factoriseren. Dit betekent dat encryptiemethoden zoals RSA, die afhankelijk zijn van het feit dat klassieke computers niet snel kunnen factoriseren, kwetsbaar worden zodra quantum computing op grote schaal beschikbaar is.

   Voorbeeld: Stel je voor dat een aanvaller toegang heeft tot een quantum-computer die in staat is om 2048-bit RSA-encryptie te breken. Terwijl een klassieke computer miljoenen jaren nodig zou hebben om een sleutel te breken, kan een quantumcomputer dit in enkele uren of zelfs minuten doen. Hierdoor kunnen hackers toegang krijgen tot gevoelige gegevens zoals bankinformatie, medische dossiers en overheidsgeheimen, wat enorme gevolgen heeft voor de veiligheid van digitale communicatie.

2. **Grootschalige datadiefstal**: Hackers die quantumcomputers inzetten, kunnen in de toekomst toegang krijgen tot sterk beveiligde systemen die vertrouwen op huidige encryptiemethoden. Aangezien veel vertrouwelijke

gegevens versleuteld zijn, zou quantum computing het mogelijk maken om enorme hoeveelheden data te stelen door encryptiesleutels te kraken die anders als veilig werden beschouwd.

Voorbeeld: Een quantum-aanvaller richt zich op de database van een multinationale bank en breekt de RSA-encryptie die de gegevens beschermt. De aanvaller krijgt toegang tot de financiële gegevens van miljoenen klanten, waaronder bankrekeningen, leningen en creditcardnummers. Met quantum computing kan de aanvaller dit snel en onopgemerkt doen, waardoor het risico op datalekken exponentieel toeneemt.

3. **Quantum-aanvallen op blockchain-technologie**: Blockchain-technologieën, zoals die worden gebruikt in cryptocurrencies zoals Bitcoin, zijn afhankelijk van cryptografische beveiliging om transacties te verifiëren en te beveiligen. Quantumcomputers hebben het potentieel om deze cryptografische beveiligingen te doorbreken, wat betekent dat ze in de toekomst de mogelijkheid hebben om blockchain-systemen te ondermijnen.

Voorbeeld: Een quantum-aanvaller kan de cryptografische beveiliging van een blockchain doorbreken en de controle over een groot aantal cryptografische sleutels overnemen. Dit zou de aanvaller in staat stellen om cryptocurrencies te stelen of de integriteit van het blockchain-netwerk te ondermijnen, met verwoestende gevolgen voor het vertrouwen in deze technologieën.

Quantum Computing als Verdedigingsmiddel: De Kracht van AI

Hoewel quantum computing aanzienlijke risico's met zich meebrengt voor cybersecurity, biedt het ook veelbelovende mogelijkheden voor verdediging. Door AI en quantum computing te combineren, kunnen verdedigers in de toekomst sneller aanvallen detecteren, complexe dreigingspatronen analyseren en nieuwe vormen van encryptie ontwikkelen die bestand zijn tegen quantumaanvallen.

1. **Quantum computing voor AI-gedreven detectie**: AI wordt al gebruikt in cybersecurity om bedreigingen te detecteren, patronen te analyseren en

anomalieën in netwerkverkeer op te sporen. Quantum computing kan deze processen aanzienlijk versnellen door AI in staat te stellen om complexe datasets veel sneller te verwerken. Dit kan leiden tot real-time dreigings-detectie op een schaal die vandaag de dag ondenkbaar is.

Voorbeeld: Stel je voor dat een quantum-gestuurd AI-systeem constant het netwerkverkeer van een multinational analyseert. Door de enorme reken-kracht van quantum computing kan het systeem elke anomalie onmidde-llijk identificeren, zelfs als deze verborgen is in gigabytes aan dagelijkse netwerkactiviteit. Het AI-systeem kan vervolgens automatisch reageren op de dreiging, door aanvallen te neutraliseren voordat ze schade kunnen aanrichten.

2. **Quantum-ondersteunde encryptie**: Terwijl quantumcomputers in staat zullen zijn om huidige encryptie te breken, kunnen ze ook worden gebruikt om nieuwe, veel veiligere encryptiemethoden te ontwikkelen. **Post-quantum cryptografie**, waarbij nieuwe algoritmen worden ontworpen die bestand zijn tegen quantumaanvallen, is een van de meest veelbelovende toepassingen van quantum computing in cybersecurity.

   Voorbeeld: Onderzoekers ontwikkelen een nieuwe vorm van encryptie die gebruikmaakt van quantummechanische principes om gegevens te beveili-gen. Deze **post-quantum encryptie** kan niet worden gebroken door klas-sieke quantumaanvallen, omdat de beveiliging niet afhankelijk is van facto-risatie of discrete logaritmen, maar van kwantumverstrengeling of andere kwantumprincipes. Bedrijven en overheden implementeren deze nieuwe encryptie om hun gegevens te beschermen tegen toekomstige quantum-aanvallen.

3. **Quantum machine-learning voor gedragsanalyse**: Quantum computing kan AI ook helpen bij het uitvoeren van diepere gedragsanalyse om potentiële aanvallers te identificeren voordat ze een systeem binnen-dringen. Door quantum machine-learning (QML) te gebruiken, kunnen AI-systemen leren van gigantische hoeveelheden gegevens, afwijkingen voorspellen en verdachte activiteiten identificeren voordat ze zich ontwikkelen tot volledige aanvallen.

Voorbeeld: Een quantum machine-learning-systeem analyseert de inlog-activiteiten van werknemers in een groot bedrijf. Het detecteert dat één gebruiker inlogt op tijden die niet overeenkomen met zijn normale gedrag en dat er kleine afwijkingen zijn in zijn netwerkactiviteit. Het systeem voorspelt dat deze gebruiker mogelijk een doelwit is van een geavanceerde hackpoging en blokkeert proactief de toegang tot gevoelige systemen.

Post-Quantum Cryptografie: De Weg naar Quantumveilige Beveiliging

De dreiging van quantum computing voor traditionele cryptografie heeft geleid tot een groeiende interesse in **post-quantum cryptografie**, oftewel cryptografische methoden die bestand zijn tegen quantumaanvallen. Deze nieuwe vormen van encryptie zullen cruciaal zijn in een wereld waar quantumcomputers in staat zijn om klassieke encryptie te breken. Post-quantum cryptografie is gebaseerd op wiskundige problemen die quantumcomputers niet efficiënt kunnen oplossen.

1. **Lattice-gebaseerde cryptografie**: Een van de meest veelbelovende technieken voor post-quantum cryptografie is **lattice-gebaseerde cryptografie**. Deze methode maakt gebruik van de complexiteit van bepaalde lineaire algebra-problemen die moeilijk op te lossen zijn, zelfs voor quantumcomputers. Lattice-gebaseerde cryptografie biedt sterke beveiliging en is een van de leidende kandidaten om klassieke cryptografie te vervangen.

   Voorbeeld: Een technologiebedrijf implementeert lattice-gebaseerde cryptografie om zijn gevoelige klantgegevens te beschermen. In tegen-stelling tot traditionele RSA- of ECC-encryptie, is lattice-gebaseerde cryptografie bestand tegen quantumaanvallen, wat betekent dat zelfs een aanvaller met toegang tot een quantumcomputer deze gegevens niet kan ontsleutelen.

2. **Hash-gebaseerde cryptografie**: Een andere benadering van post-quantum cryptografie is **hash-gebaseerde cryptografie**, waarbij hash-functies worden gebruikt om gegevens te versleutelen. Omdat hash-functies niet gemakkelijk door quantumcomputers kunnen worden geïnverteerd, vormen ze een veelbelovende optie voor quantumveilige encryptie.

3. **Voorbeeld**: Een overheid implementeert hash-gebaseerde cryptografie om de communicatie tussen overheidsinstanties te beveiligen. Met deze techniek zijn zelfs quantumcomputers niet in staat om de versleutelde berichten te ontcijferen, waardoor staatsgeheimen veilig blijven.

Code-gebaseerde cryptografie: Code-gebaseerde cryptografie, zoals de McEliece-cryptosystemen, is een andere veelbelovende techniek voor post-quantum beveiliging. Deze systemen maken gebruik van foutcorrectiecodes om gegevens te beschermen, wat het moeilijk maakt voor quantumcomputers om de versleuteling te kraken.

Voorbeeld: Een defensiebedrijf implementeert code-gebaseerde cryptografie om zijn interne communicatie te beschermen tegen potentiële quantumaanvallen. Dit systeem zorgt ervoor dat zelfs als een aanvaller een quantumcomputer heeft, de versleutelde berichten niet kunnen worden gedecodeerd.

De Toekomst van Quantum Computing in Cybersecurity

Hoewel quantum computing momenteel nog in de ontwikkelingsfase zit, zal het naar verwachting binnen de komende decennia een grote impact hebben op cybersecurity. Naarmate de technologie volwassen wordt, zullen zowel aanvallers als verdedigers quantumcomputers inzetten om hun doelen te bereiken. Het is daarom cruciaal dat organisaties zich nu al voorbereiden op de impact van quantum computing op hun beveiligingssystemen.

1. **Quantum computers in de handen van cybercriminelen**: Naarmate quantumcomputers beschikbaar komen, zullen kwaadwillende actoren proberen om toegang te krijgen tot deze technologie om encryptie te breken en gevoelige gegevens te stelen. Hoewel het waarschijnlijk is dat quantumcomputers in eerste instantie beperkt beschikbaar zullen zijn voor onderzoek en wetenschappelijke doeleinden, zullen cybercriminelen in de toekomst proberen deze technologie te benutten voor hun aanvallen.

2. **Quantum computing voor beveiligingsbedrijven**: Tegelijkertijd zullen beveiligingsbedrijven quantumcomputers gebruiken om nieuwe verdedi-

gingsstrategieën te ontwikkelen. Quantum computing kan beveiligings-
analyses versnellen, nieuwe vormen van encryptie mogelijk maken en
helpen bij het identificeren van complexe dreigingen. Organisaties die
quantumcomputing vroegtijdig omarmen, zullen een concurrentievoordeel
hebben in de toekomst van cybersecurity.

3. **Quantum-gedreven AI voor preventieve beveiliging**: Naarmate
   quantum computing en AI blijven evolueren, kunnen deze technologieën
   worden gecombineerd om preventieve beveiligingsmaatregelen te implementeren. Quantum-gedreven AI kan niet alleen aanvallen detecteren en
   stoppen, maar ook proactief voorspellen welke zwakke plekken een
   organisatie in de toekomst zou kunnen hebben.

   Voorbeeld: Een quantum-gestuurd AI-systeem analyseert de beveiligings-
   configuraties van een bedrijf en identificeert potentiële kwetsbaarheden die
   in de toekomst kunnen worden uitgebuit door hackers. Het systeem geeft
   aanbevelingen voor het versterken van de beveiliging en voert automatisch
   patches uit om deze kwetsbaarheden te verhelpen voordat ze worden
   misbruikt.

Quantum Computing en AI – Het Dubbelsnijdende Zwaard van Cybersecurity

Quantum computing, in combinatie met AI, vertegenwoordigt zowel een bedreiging
als een kans in de wereld van cybersecurity. Terwijl quantumcomputers het
potentieel hebben om huidige encryptiemethoden te breken en gegevens te stelen,
bieden ze ook nieuwe mogelijkheden om cyberaanvallen sneller en efficiënter te
detecteren en te bestrijden.

De toekomst van cybersecurity zal worden gekenmerkt door een voortdurende strijd
tussen aanvallers die quantumcomputers gebruiken om encryptie te kraken, en
verdedigers die quantum computing inzetten om nieuwe beveiligingsstrategieën te
ontwikkelen. De sleutel tot succes ligt in het vroegtijdig voorbereiden op de impact
van quantumcomputing, het omarmen van post-quantum cryptografie en het
integreren van quantum-gestuurde AI-systemen in de beveiligingsarchitectuur van
organisaties.

De opkomst van quantum computing zal uiteindelijk een van de meest significante verschuivingen in de geschiedenis van cybersecurity teweegbrengen, en het is essentieel dat bedrijven, overheden en onderzoekers samenwerken om deze nieuwe uitdaging aan te gaan en een quantumveilige toekomst te waarborgen.

De Toekomst van Cybersecurity

De wereld van cybersecurity staat aan de vooravond van een grote verschuiving. Kunstmatige intelligentie (AI) speelt een steeds grotere rol in zowel het beschermen van onze digitale infrastructuur als in het dreigen ervan. AI heeft zich ontwikkeld tot een krachtig instrument dat hackers kunnen inzetten om nieuwe aanvalsvectoren te creëren, maar tegelijkertijd biedt het ongekende mogelijkheden voor verdedigers om deze dreigingen in real-time te detecteren, analyseren en neutraliseren.

De opkomst van AI in cybersecurity werpt echter ook nieuwe ethische en technologische uitdagingen op. Het vermogen van AI om zelfstandig beslissingen te nemen, zowel aanvallend als verdedigend, vraagt om een zorgvuldig evenwicht tussen innovatie en verantwoorde toepassing. In dit hoofdstuk bespreken we hoe de balans tussen AI als bedreiging en verdediging kan worden beheerd en wat de rol van de maatschappij, regeringen, bedrijven en individuen is in het vormgeven van de toekomst van cybersecurity.

AI als Dreiging

De kracht van AI kan niet alleen worden benut door verdedigers, maar ook door aanvallers. De capaciteiten van AI om enorme hoeveelheden gegevens te analyseren, patronen te ontdekken en complexe berekeningen uit te voeren in fracties van seconden, maken het een ideaal hulpmiddel voor hackers. AI heeft cyberaanvallen niet alleen sneller, maar ook veel geavanceerder en moeilijker te detecteren gemaakt.

1. **Geautomatiseerde aanvallen**: AI biedt aanvallers de mogelijkheid om hun aanvallen te automatiseren en aan te passen aan de verdediging van hun doelwitten. Malware kan nu in real-time reageren op de beveiligingsmaatregelen die het tegenkomt, waardoor traditionele verdedigingstechnieken zoals firewalls en antivirusprogramma's steeds minder effectief worden. AI-gestuurde aanvallen kunnen variëren van geavanceerde phishing-pogingen tot volledig geautomatiseerde zero-day-exploits.

Voorbeeld: Een AI-gestuurde malware wordt geprogrammeerd om zichzelf aan te passen op basis van de netwerkconfiguratie van een doelwit. Zodra de malware het netwerk infiltreert, begint het met het verzamelen van gegevens over de beveiligingssystemen die worden gebruikt en past het zijn gedrag aan om niet gedetecteerd te worden. Het kan zelfs zijn signatuur en communicatie aanpassen om er als legitiem verkeer uit te zien.

2. **Deepfake-aanvallen**: Een ander zorgwekkend gebruik van AI door hackers is het creëren van deepfakes: hyperrealistische nepvideo's, -audio en -afbeeldingen die kunnen worden ingezet voor social engineering. Deze vorm van digitale misleiding maakt phishingaanvallen nog gevaarlijker omdat aanvallers nu de identiteit van vertrouwde personen, zoals CEO's of overheidsfunctionarissen, kunnen nabootsen met extreme nauwkeurigheid.

Voorbeeld: Een bedrijf ontvangt een videoboodschap van zijn CEO waarin deze vraagt om onmiddellijk geld over te maken naar een bepaalde rekening. De video ziet er volledig authentiek uit, maar is in werkelijkheid een deepfake, gemaakt door cybercriminelen die gevoelige informatie hebben gestolen en vervolgens een overtuigende video hebben samengesteld om de fraude te voltooien.

3. **Aanpassingsvermogen van AI-gestuurde aanvallen**: AI-gestuurde aanvallen kunnen ook sneller leren van hun fouten en zich aanpassen aan de verdedigingstechnieken van hun doelwit. AI-malware kan zichzelf bijvoorbeeld opnieuw coderen of polymorf veranderen om detectie te vermijden. Dit betekent dat traditionele beveiligingssystemen, die afhankelijk zijn van het herkennen van bekende aanvalspatronen, moeite hebben om zich tegen deze aanvallen te verdedigen.

Voorbeeld: Een AI-aangedreven ransomware begint zijn aanval op een groot ziekenhuis door het netwerkverkeer te analyseren en beveiligingssystemen te omzeilen. Wanneer het ontdekt dat bepaalde bestanden door antivirussoftware worden gecontroleerd, verandert de malware automatisch zijn encryptie-algoritme om detectie te voorkomen en gaat door met het versleutelen van patiëntgegevens.

AI als Verdediging

Hoewel AI een krachtig hulpmiddel is voor aanvallers, biedt het tegelijkertijd enorme mogelijkheden voor verdedigers. AI kan worden gebruikt om de zwakheden in netwerken te analyseren, dreigingen vroegtijdig te detecteren en te reageren op aanvallen met een snelheid en nauwkeurigheid die door mensen niet kan worden geëvenaard.

1. **Realtime dreigingsdetectie en -respons**: Een van de grootste voordelen van AI in cybersecurity is het vermogen om dreigingen in real-time te detecteren en te reageren zonder menselijke tussenkomst. AI kan continu netwerkverkeer analyseren en afwijkingen opsporen die op een aanval kunnen wijzen. Dit stelt organisaties in staat om aanvallen te detecteren terwijl ze plaatsvinden en onmiddellijk te reageren om schade te beperken.

   Voorbeeld: Een groot banknetwerk implementeert een AI-gestuurd beveiligingssysteem dat al het netwerkverkeer continu monitort. Het systeem detecteert een abnormaal patroon van dataverkeer dat wijst op een poging tot gegevensdiefstal. Voordat de aanvallers gevoelige klant-gegevens kunnen stelen, onderneemt de AI automatisch actie door de verdachte verbindingen te verbreken en de getroffen systemen in quarantaine te plaatsen.

2. **Voorspellende analyse en proactieve verdediging**: Naast het detecteren van aanvallen in real-time, kunnen AI-systemen ook voorspellende analyses uitvoeren om te anticiperen op toekomstige dreigingen. Door gebruik te maken van machine-learning kunnen AI-systemen leren van eerdere aanvallen en deze kennis gebruiken om potentiële zwakke plekken te identificeren, zodat organisaties hun verdediging proactief kunnen versterken.

   Voorbeeld: Een AI-systeem dat is geprogrammeerd om dreigingsinfor-matie van meerdere bronnen te analyseren, ontdekt dat er wereldwijd een toename is van ransomware-aanvallen gericht op ziekenhuizen. Het systeem analyseert het netwerk van een groot ziekenhuis en identificeert kwetsbaarheden in de back-upsystemen die een doelwit kunnen zijn. Het

AI-systeem waarschuwt de beveiligingsteams om deze kwetsbaarheid te patchen voordat een aanval plaatsvindt.

3. **Geautomatiseerde incidentrespons en herstel**: AI kan niet alleen helpen bij het detecteren van aanvallen, maar ook bij het uitvoeren van herstelacties. Wanneer een aanval wordt gedetecteerd, kan AI automatisch bepaalde beveiligingsmaatregelen implementeren, zoals het isoleren van geïnfecteerde systemen, het herstellen van back-ups en het herconfigureren van firewallinstellingen. Dit vermindert de impact van aanvallen en verkort de tijd die nodig is om te herstellen.

Voorbeeld: Een AI-gestuurd incident response-systeem ontdekt een ransomware-aanval op een universiteit. Het systeem schakelt onmiddellijk de getroffen servers uit en start het herstelproces door recente back-ups te herstellen. Binnen enkele minuten zijn de belangrijkste systemen weer operationeel, zonder dat de aanvallers losgeld ontvangen.

De Rol van Wetgeving en Beleidsvorming in de Toekomst van AI en Cybersecurity

Naast de technologische ontwikkelingen in AI en cybersecurity, is er ook een dringende noodzaak voor nieuwe wetgeving en beleidsvorming om deze technologieën op verantwoorde wijze te reguleren. Overheden en internationale organisaties moeten samenwerken om ethische richtlijnen op te stellen en ervoor te zorgen dat AI op een veilige en verantwoorde manier wordt ingezet in de context van cybersecurity.

1. **AI-ethiek en transparantie**: Een van de belangrijkste uitdagingen bij het gebruik van AI in cybersecurity is de transparantie van de beslissingen die door AI-systemen worden genomen. AI-modellen zijn vaak complexe 'black boxes', waarbij het moeilijk is om te begrijpen hoe ze tot een bepaalde beslissing zijn gekomen. Dit roept ethische vragen op, vooral als het gaat om het automatisch blokkeren van gebruikers of het beëindigen van transacties.

Voorbeeld: Een AI-systeem besluit om verdachte transacties in een bank te blokkeren omdat het vermoedt dat ze het gevolg zijn van fraude. Achteraf blijkt echter dat de transacties legitiem waren en dat de klant een belangrijke zakelijke overeenkomst is misgelopen. In dit geval moet de bank uitleggen waarom het AI-systeem de transacties heeft geblokkeerd en verantwoording afleggen voor de fouten.

Om deze problemen aan te pakken, moeten overheden wetten en regels vaststellen die AI-bedrijven verplichten om transparant te zijn over de werking van hun modellen. Dit omvat de ontwikkeling van **explainable AI**, waarbij AI-systemen hun beslissingen kunnen uitleggen op een manier die begrijpelijk is voor mensen.

2. **Internationale samenwerking en regelgeving**: Omdat cyberaanvallen vaak grensoverschrijdend zijn, is internationale samenwerking van cruciaal belang voor het creëren van een veiligere digitale wereld. Overheden moeten samenwerken om standaarden en best practices voor AI in cyber-security te ontwikkelen, en ervoor zorgen dat landen zich aan dezelfde regels en ethische normen houden.

Voorbeeld: Een wereldwijde taskforce van overheden en cybersecurity-experts komt samen om een internationaal verdrag over AI-gedreven cyberbeveiliging te creëren. Dit verdrag stelt regels vast voor het ethisch gebruik van AI in militaire en civiele toepassingen, en verplicht landen om transparant te zijn over de AI-systemen die ze gebruiken in hun nationale verdedigingssystemen.

3. **Bescherming van privacy en gegevens**: AI-systemen zijn afhankelijk van enorme hoeveelheden gegevens om te functioneren. Dit roept vragen op over de bescherming van de privacy van individuen en de manier waarop persoonlijke gegevens worden verzameld en gebruikt. Wetgevers moeten zorgen voor strenge privacywetten die bedrijven verplichten om verant-woord met data om te gaan en de privacy van gebruikers te beschermen.

Voorbeeld: Een AI-systeem dat wordt gebruikt om cyberaanvallen te detecteren, verzamelt grote hoeveelheden gegevens over het gedrag van gebruikers. Om te voldoen aan privacywetgeving zoals de GDPR, moet het bedrijf ervoor zorgen dat de verzamelde gegevens anoniem zijn en dat gebruikers hun toestemming geven voordat hun gegevens worden verwerkt.

De Rol van Bedrijven en Individuen in de Toekomst van Cybersecurity

Naast de overheid hebben ook bedrijven en individuen een belangrijke rol te spelen in de toekomst van cybersecurity. Bedrijven moeten investeren in veilige technologieën en ervoor zorgen dat hun systemen bestand zijn tegen de geavanceerde aanvallen die AI mogelijk maakt. Individuen moeten zich bewust zijn van de dreigingen waarmee ze worden geconfronteerd en de juiste maatregelen nemen om zichzelf te beschermen.

1. **Bedrijven moeten proactief handelen**: Bedrijven moeten proactief handelen om ervoor te zorgen dat hun beveiligingssystemen up-to-date zijn en bestand zijn tegen AI-gestuurde aanvallen. Dit omvat niet alleen het implementeren van geavanceerde AI-gestuurde beveiligingssystemen, maar ook het trainen van werknemers om cyberdreigingen te herkennen en te reageren op verdachte activiteiten.

   Voorbeeld: Een groot technologiebedrijf implementeert een geavanceerd AI-systeem dat in staat is om verdachte activiteiten in het netwerk te detecteren en te blokkeren. Daarnaast traint het bedrijf al zijn medewerkers om phishing-aanvallen en andere vormen van social engineering te herkennen, waardoor de kans op een succesvolle aanval aanzienlijk wordt verkleind.

2. **Bewustzijn en educatie voor individuen**: Cybersecurity is niet alleen de verantwoordelijkheid van bedrijven en overheden. Ook individuen spelen een cruciale rol in het beveiligen van hun persoonlijke gegevens en het beschermen van hun digitale identiteiten. Mensen moeten zich bewust zijn van de risico's van phishing, malware en deepfakes, en leren hoe ze zichzelf kunnen beschermen tegen deze dreigingen.

   Voorbeeld: Een educatieve campagne gericht op consumenten leert mensen hoe ze sterke wachtwoorden kunnen maken, tweefactorauthenticatie kunnen gebruiken en verdachte e-mails kunnen herkennen. Door het bewustzijn van cyberdreigingen te vergroten, kunnen individuen proactieve stappen ondernemen om zichzelf te beschermen tegen cyberaanvallen.

De Balans tussen Dreiging en Verdediging

De toekomst van cybersecurity zal worden bepaald door de balans tussen AI als dreiging en AI als verdediging. Hoewel AI aanvallers in staat stelt om geavanceerdere en moeilijker te detecteren aanvallen uit te voeren, biedt het tegelijkertijd ongekende mogelijkheden om dreigingen in real-time te detecteren, proactieve verdedigingen te implementeren en cyberaanvallen sneller dan ooit te stoppen.

Om deze balans in evenwicht te brengen, moet de maatschappij de voordelen van AI benutten zonder de risico's te negeren. Dit vereist een gezamenlijke inspanning van regeringen, bedrijven en individuen om ervoor te zorgen dat AI op een verantwoorde en ethische manier wordt gebruikt in cybersecurity. Regelgeving, transparantie en ethische richtlijnen moeten de fundamenten vormen van de toekomst van AI in cybersecurity.

Naar een Veilige Toekomst

De snelle evolutie van AI brengt zowel kansen als bedreigingen met zich mee. In de wereld van cybersecurity kan AI de sleutel zijn tot het beschermen van onze digitale infrastructuur en het bestrijden van cyberaanvallen die steeds complexer worden. Tegelijkertijd moeten we waakzaam blijven voor de manieren waarop kwaadwillenden AI kunnen gebruiken om deze systemen aan te vallen.

De toekomst van cybersecurity ligt in het vinden van een balans tussen innovatie en veiligheid. Door AI op verantwoorde wijze te gebruiken, kunnen we een veiligere digitale wereld creëren waarin zowel bedrijven als individuen beschermd zijn tegen de groeiende dreigingen van cyberaanvallen. Het is aan ons allemaal om die toekomst te waarborgen, door bewustzijn te vergroten, technologie te benutten en samen te werken aan een veiligere wereld.

Over de auteur

Erik Westhovens, CEO van **Ransomwared** en ethisch hacker, heeft zijn carrière gewijd aan het bestrijden van digitale dreigingen. Met jarenlange ervaring op het gebied van cybersecurity is Westhovens een autoriteit geworden in het gebruik van geavanceerde technologieën om bedrijven te beschermen tegen de steeds complexer wordende wereld van cyberaanvallen. Bij **Ransomwared** werkt hij dagelijks aan de frontlinie van de digitale veiligheid, waarbij de door Ransomwared ontwikkelde AI een cruciale rol speelt in de verdediging tegen moderne dreigingen, zoals ransomware-aanvallen en andere geavanceerde cyberdreigingen.

Onder zijn leiding heeft Ransomwared zich ontwikkeld tot een toonaangevend bedrijf dat gebruikmaakt van kunstmatige intelligentie om netwerken en systemen te monitoren, bedreigingen te detecteren en real-time bescherming te bieden aan klanten. AI stelt hen in staat om geautomatiseerde aanvallen sneller te identificeren, afwijkend netwerkgedrag te analyseren en vroegtijdig in te grijpen voordat dreigingen schade kunnen aanrichten. Door een unieke combinatie van AI, machine-learning en menselijke expertise biedt Ransomwared innovatieve oplossingen aan bedrijven die te maken hebben met de constante dreiging van cyberaanvallen.

Westhovens heeft niet alleen een scherp technisch inzicht, maar ook een diep-gewortelde ethische benadering van hacking en cybersecurity. Hij pleit voor een proactieve aanpak in het gebruik van AI om niet alleen aanvallen af te slaan, maar ook om deze te voorspellen en te voorkomen. Met zijn werk bij Ransomwared heeft hij talloze bedrijven geholpen om zichzelf te wapenen tegen de meedogenloze aanvallen van cybercriminelen en ervoor gezorgd dat ze in een steeds veranderend technologisch landschap kunnen blijven floreren.

www.ingramcontent.com/pod-product-compliance
Lightning Source LLC
LaVergne TN
LVHW051239050326
832903LV00028B/2475